30일만에 끝나는 대화식 강의

중국어 첫걸음 GO!

30일 완성

KakaoTalk
-P 플러스친구
1:1상담

Digis

머리말

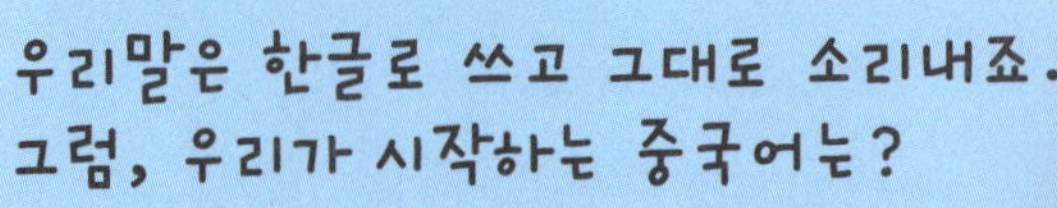
우리말은 한글로 쓰고 그대로 소리내죠.
그럼, 우리가 시작하는 중국어는?

중국어는 한자로 이루어져 있고
한자를 발음할 때는 한어병음으로 읽어.

이게 다 뭐야?

한어병음

성조
성모   ren   운모
人

제 1성
제 2성
제 3성
제 4성

한어병음은 로마자를 빌려와서 표기한 것으로
성모와 운모, 성조로 이루어져 있어.

대부분의 책들이 처음에 발음부터 시작하지만
발음부터 시작하면 자칫 재미없고 지루하게
느껴질 수도 있어.

b p m f
ai ei an ang...

언제 회화가 나오는 거야?

본문 회화에 나오는 글자의 발음을 그때그때마다 익히는 것이 더 효과적이고 잊어버리지도 않게 돼.
그때 그때 하기만 하면 되는 거야?
오케이 바리!

공부를 해 나가다보면 저절로 발음을 다 배울 수 있도록 본 책을 구성했어.
그래도 중국어는 발음이 너무 부담스러워~
짱이지?
너 그러는 것도 부담스럽다!

물론 중국어를 잘 하려면.. 중국에 직접 가서 살다오면 저절로 잘 하게 돼.
중국어를 잘 하고 싶고 혼자서 공부하려고 하는데.. 하다보면 막히게 되고 잘 되지 않아. 좋은 방법이 없을까?

그러나 현실적으로 이것은 불가능한 일!
우리나라에서 아무리 열심히 외우고 공부한다고 한들 몇 개월 현지에서
생활하다 온 사람들보다 중국어를 잘 하기란 쉽지 않은 거지.

그! 래! 서!
우리말을 네이티브처럼 하는 중국인 차오 샘과 저자가 함께하는 강의용 MP3 CD가
함께 들어 있어, 누구나 학원에 가지 않고 개인과외를 받는 것처럼 공부할 수 있지.

우리 말하는 거예요~

지금껏 나와 있는 강의와는 다르게 차오 샘이
들려주는 재미있는 중국문화이야기는 중국에 가지
않고도 중국에 간 듯한 효과를 누릴 수 있어.
뭔가 시차 적응이
안 되는 거 같다~

중국은 시차도 없어..

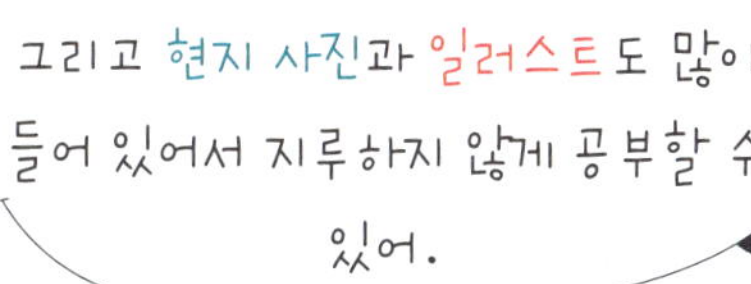

알겠어~ 이 책은 처음에 발음부터 외우고 시작하는 책이 아니라 그때그때 나오는 한자와 그 발음을 따라해보고 노트에 쓰면서 익히면 되는 거구나!

1. 오늘날 중국의 생활 문화

각 과의 처음에 대화문과 관련 있는 중국에 대한 기초상식과 현지 생활 문화에 대해 차오샘과 저자가 재미있게 설명하였으므로, 한 번 읽어보고 생활에 관련된 강의를 들어보자.

2. 누구나 따라하는 초간단 회화문

본문회화는 현지 생활에서 꼭 필요한 기본 단어와 문장들로, 초간단으로 만들었다. 원어민의 발음을 듣고 따라하면서 회화를 익혀보자.

3. 차오샘과 저자의 재미있는 강의 MP3

차오샘과 저자의 직강으로 본문회화문의 발음이나 문법표현에 대해 개인과외 받아보자.
차 안에서, 길 위에서 언제 어디서나 책을 보지 않고 강의만 들어도 따라하며 쉽게 중국어를 공부할 수 있다.

4. 발음연습-성모와 운모의 결합&성조연습

본문에 새로 나오는 글자들의 발음을 원어민의 발음을 듣고 따라하면서 한어병음 발음 연습을 제대로 할 수 있다.

5. 간체자쓰기

본문에 새로 나오는 한자, 즉 간체자를 쓰면서 외울 수 있다.

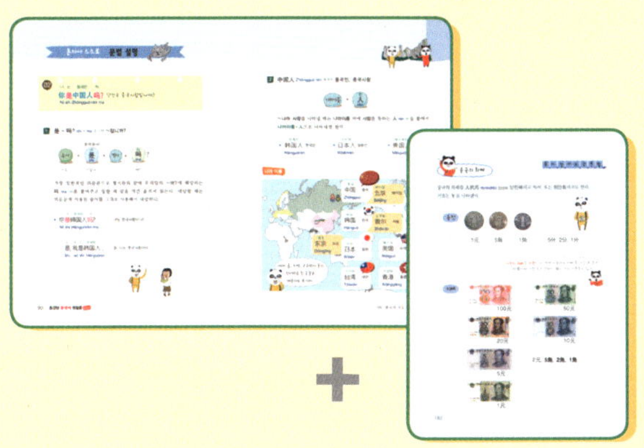

6. 회화에 꼭 필요한 **문법 설명**

저자의 강의를 포함한 회화에 꼭 필요한 문법을
눈으로 보고 쉽게 알 수 있도록 설명하였다.
재미있는 일러스트로 쉽고 재미있게 이해하며
중국어의 기초를 다질 수 있다.

7. 연습문제

각 과에서 학습한 내용을 문제를 풀어보며
확인하고 복습할 수 있다.

부 록

차오샘과 함께 하는 저자직강 MP3 CD

원어민 성우가 녹음한
본문 회화문과 차오샘과
함께 하는 저자 직강이
함께 녹음, 편집되어 있다.

초간단 중국어 발음노트

중국어의 기본인 성조, 성모,
운모를 원어민의 발음을 따라
하면서 처음부터 체계적으로
발음의 기초를 다질 수 있다.

차례

본문

01 중국어의 특징

1 한어와 보통화

중국어를 **한어 汉语** hànyǔ 한위 라고 부르는데, 중국에서 절대 다수인 90%이상을 차지하는 한족의 언어를 말한다. 또한 지역마다 사투리가 달라서 서로 의사소통이 불가능했기 때문에 베이징 발음과 북방 방언을 중심으로 표준어를 제정하게 되었는데, 그것을 **보통화 普通话** pǔtōnghuà 푸통화 라고 한다.

중국어에서 사용하는 한자는 누구나 쉽게 따라 쓸 수 있는 한자, 말 그대로
간단한 **간체자** 简体字 jiǎntǐzì 지앤티쯔 이다. 현재 우리가 사용하는 정자체
한자는 번체자로 대만과 홍콩 등에서 사용하고 있다.

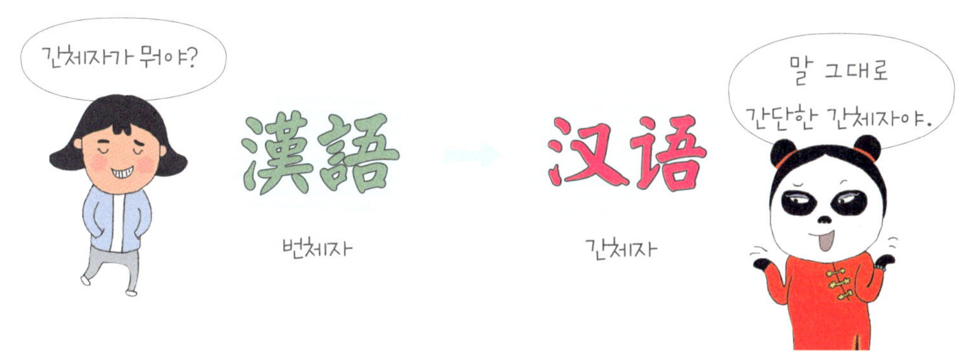

3 한어병음

중국어는 한자로 쓴다. 그러나 한자 자체만으로 소리를 나타낼 수 없다.
그래서 중국어의 발음을 **로마자를 빌려서 표기**하는데, 이것을 **한어병음**
汉语拼音 hànyǔ pīnyīn 한위 핀인, 줄여서 **병음**이라고 한다.
한어병음은 **성모** 声母 shēngmǔ 성무 와 **운모** 韵母 yùnmǔ 윈무, **성조** 声调
shēngdiào 셩띠아오 로 이루어져 있다. 성모란 **우리말의 자음**과 같고, 운모는
모음 및 모음＋받침, 성조는 **소리의 음**을 나타낸다.

r은 혀를 말아서 르, en은 언, 합쳐서 런, 성조는 높은 음으로 올라가며 소리를 낸다.

1 성조가 있다

성조 声调 shēngdiào 셩띠아오 란 한자 그대로 소리에 높낮이가 있다는 뜻이다. 중국어가 다른 언어와 구별되는 가장 중요한 특징이라고 할 수 있다. 각 글자마다 기본적으로 1성, 2성, 3성, 4성이 있고 짧고 가볍게 발음하는 경성이 있다. 성조는 주요 운모 a, o, e, i, u, ü 위에 표기하며, 경성의 경우는 표기하지 않는다.

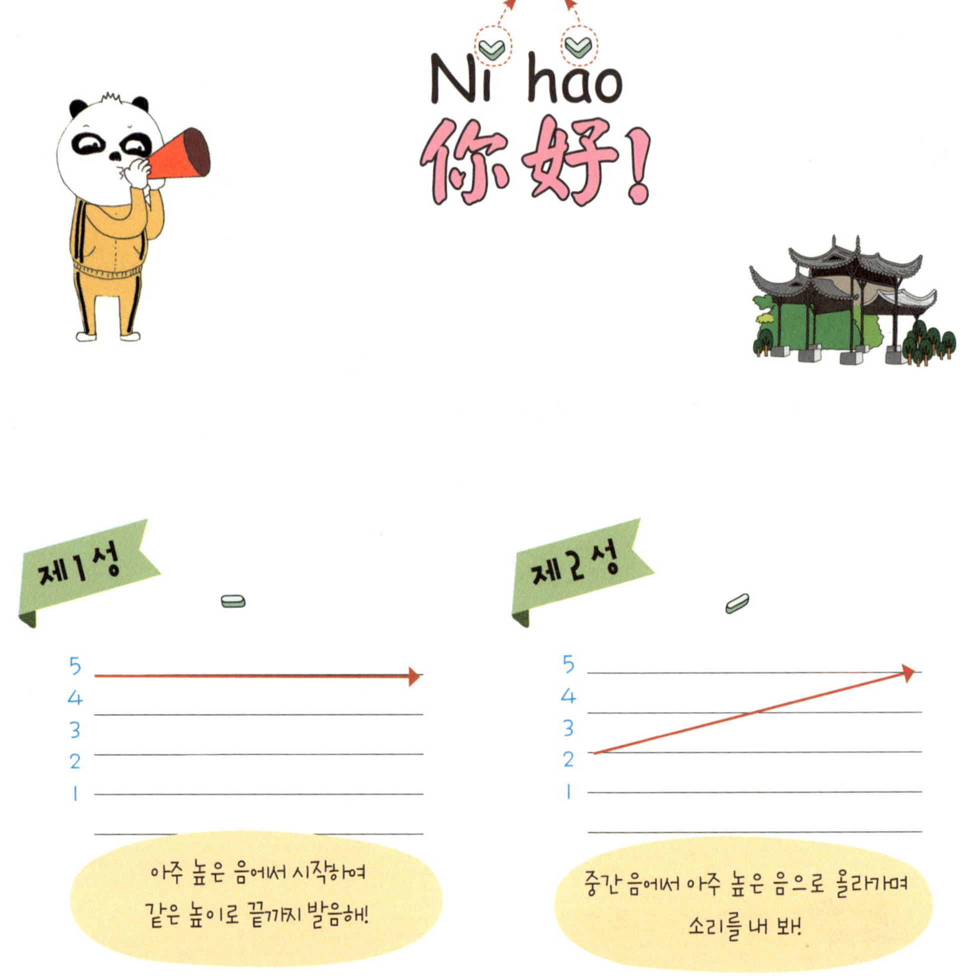

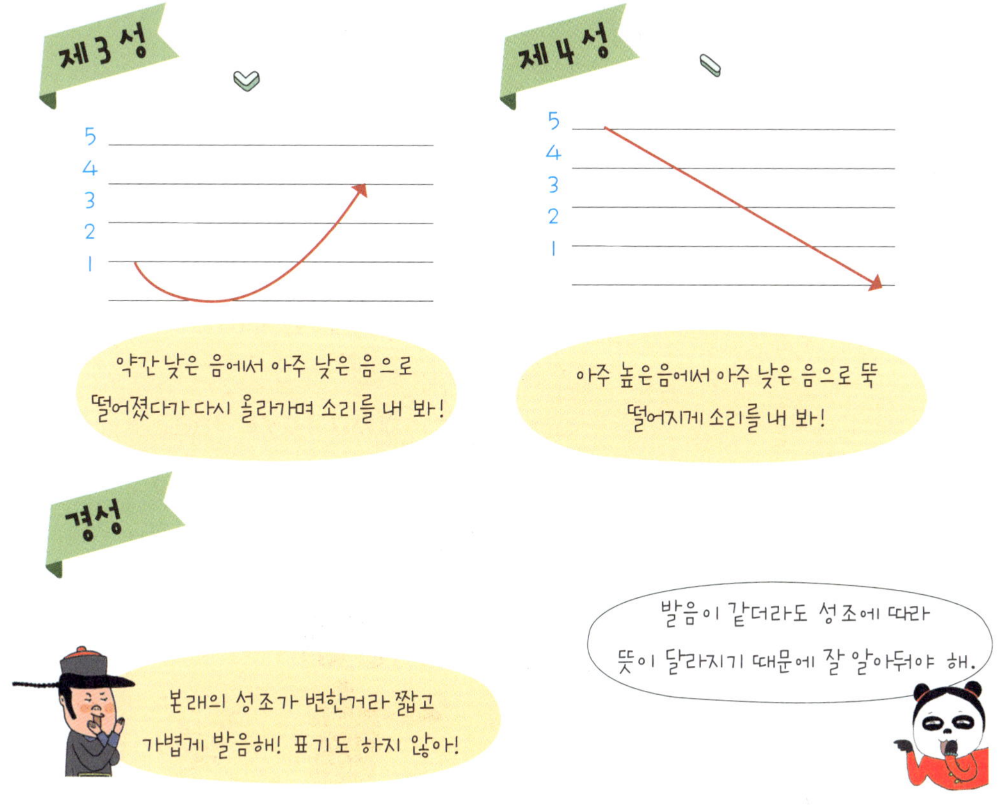

2 한자 하나마다 독립된 뜻을 가지고 있다

중국어는 한자로 이루어져 있다. 한자는 글자 하나가 하나의 음절을 이루고, 또한 하나의 독립된 뜻을 가지고 있다. 그러나 현대 중국어는 점차 한자 두 개 이상이 모여 하나의 뜻을 이루는 다음절화 되어가는 추세이다.

❶ 격에 따른 변화가 없다.

❷ 동사의 변화가 없다.

시제에 따라 우리말처럼 동사의 어미가 변하거나 영어처럼 동사의 형태가 변하지 않는다. 중국어는 시간을 나타내는 명사나 부사를 사용하거나 동사 뒤에 조사를 넣어 시제를 나타낸다.

❸ 명사의 성별 및 단·복수의 변화가 없다.

❹ 관사, 조사, 관계대명사가 없다.

❺ 문장의 순서가 **주어＋술어＋목적어**의 순으로 우리말과 다르며 영어와
비슷하다.

❻ 우리말에 발달되어 있는 존칭어가 중국어에서는 매우 단순하다.

❼ 띄어쓰기가 없다.

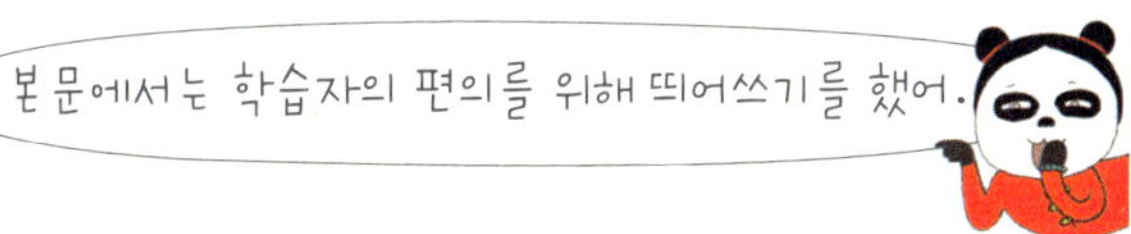

❽ 문장의 **마침표**로 우리말에서는 . 를 쓰는 반면 **중국어**에서는 。를 쓴다.

01 | 중국어의 기본 문장

일단 듣기 V ● ● → 체크업!! ● ● ● → 말하기 ● ● ●

 워 츠 판
我 吃 饭。 평서문
Wǒ chī fàn
나는 밥을 먹는다.

워 뿌 츠 판
我 不 吃 饭。 부정문
Wǒ bù chī fàn
나는 밥을 먹지 않는다.

니 츠 판 마
你 吃 饭 吗？ 의문문
Nǐ chī fàn ma
너는 밥을 먹니?

✔ 대화 내용의 구문 및 문법 핵심을 알아두자!

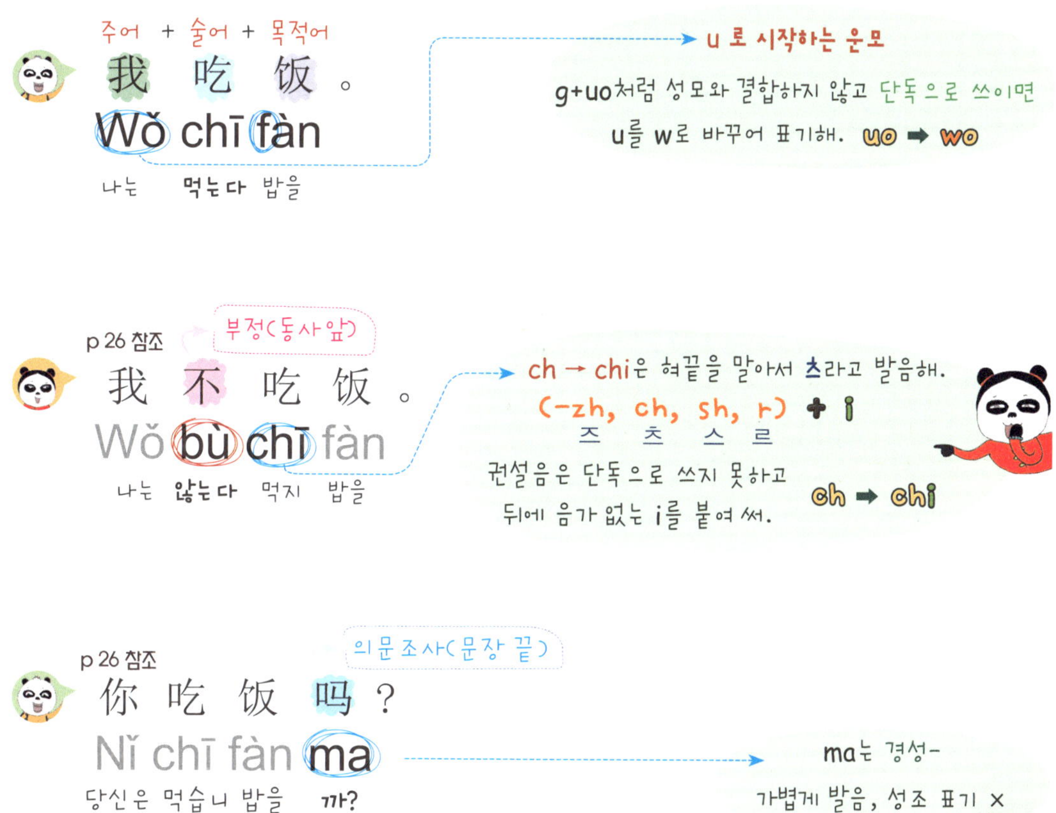

더 알아보기

과거를 나타내는 조사 了 le 러를 동사 吃 뒤에 붙여서 你吃饭了吗? Nǐ chī fàn le ma 니 츠 판 러 마 **식사하셨어요?** 라고 하면 중국인들이 많이 사용하는 인사말이 된다.

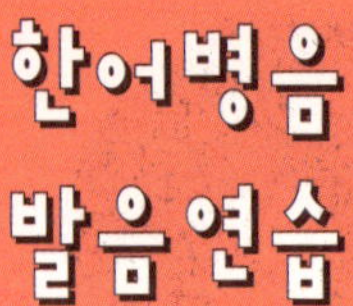

성모와 운모의 결합

성모와 운모가 만나고 성조가 더해져 하나의 소리를 낸다.

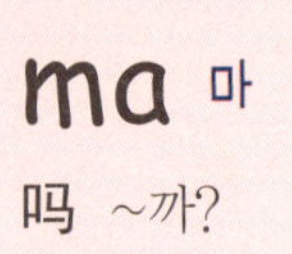

모(ㅁ) 아
m + **a** ❶ ma ❷ ❸

성조는 주요 운모 a, o, e, i, u, ü 위에 표기하며, 경성의 경우는 표기하지 않는다.

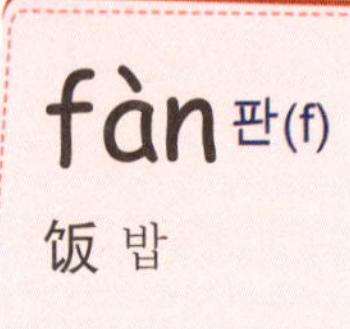

포(ㅍf) 안
f + **an** ❶ fàn ❷ ❸

f 는 영어의 f 와 같이 윗니를 아랫입술에 대며 발음한다.

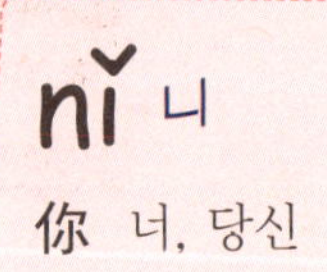

너(ㄴ) 이
n + **i** ❶ nǐ ❷ ❸

i 에 성조부호를 표기할 때는 i 위의 점을 없애고 표기한다.

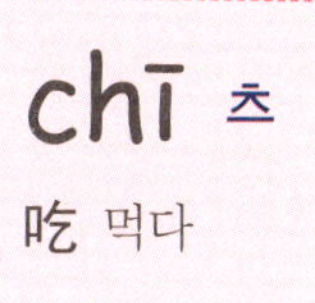

ch은 권설음으로 영어의 r 을 발음할 때처럼 혀끝을 말아서 츠라고 발음한다.
ch이 다른 운모와 결합 없이 혼자 쓰일 때는 뒤에 음가 없는 i 를 붙여 준다.

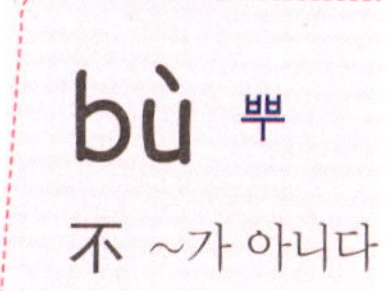

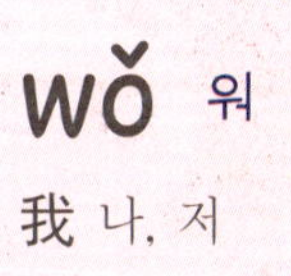

u우 로 시작하는 운모는 앞에 성모가 오지 않고 혼자 쓰일 때, u를 w로 바꾸어
표기한다.
운모가 2개 이상 결합되어 있을 경우, 성조부호를 표기할 때는 a→e→o 순서로
표기한다.

성조 연습

1성+4성

츠　판
chīfàn
吃饭 밥을 먹다

❶ ─────────────── ❷

 이 과에서 배운 주요 한자를 따라 써 보고 중국어로 읽어 보자.

TRACK 01

한자	쓰기	읽기

wǒ 워
我
나, 저

我

❶ ❷ ❸

☑ ☐ ☐
我 아

nǐ 니
你
너, 당신

你

❶ ❷ ❸

☐ ☐ ☐
你 니

chī 츠
吃
먹다

吃

❶ ❷ ❸

☐ ☐ ☐
吃 흘

fàn 판
饭
밥

饭

❶ ❷ ❸

☐ ☐ ☐
飯 반

bù 뿌
不
~아니다

不

❶ ❷ ❸

☐ ☐ ☐
不 불

ma 마
吗
~까?

吗

❶ ❷ ❸

☐ ☐ ☐
嗎 마

01

인칭대명사

	단수			복수		
1인칭	我 워 wǒ 나			我们 워먼 wǒmen 우리		咱们 잔먼 zánmen 우리들
2인칭	你 니 nǐ 너	您 닌 nín 당신		你们 니먼 nǐmen 너희		您们 닌먼 nínmen 당신들
3인칭	他 타 tā 그	她 타 tā 그녀	它 타 tā 그것	他们 타먼 tāmen 그들	她们 타먼 tāmen 그녀들	它们 타먼 tāmen 그것들

사람이나 사물을 대신해서 지칭하는 말을 인칭대명사라고 한다.

- 您은 你의 존칭, 们 men 은 복수를 나타내는 어미
- 他는 남성, 她는 여성, 它는 사물
- 咱们은 말하는 사람과 듣는 사람을 모두 포함하여 **우리들**이라고 지칭할 때 사용

1. 한자를 보고 성모와 운모를 올바르게 연결하고 빈칸에 써 보세요.

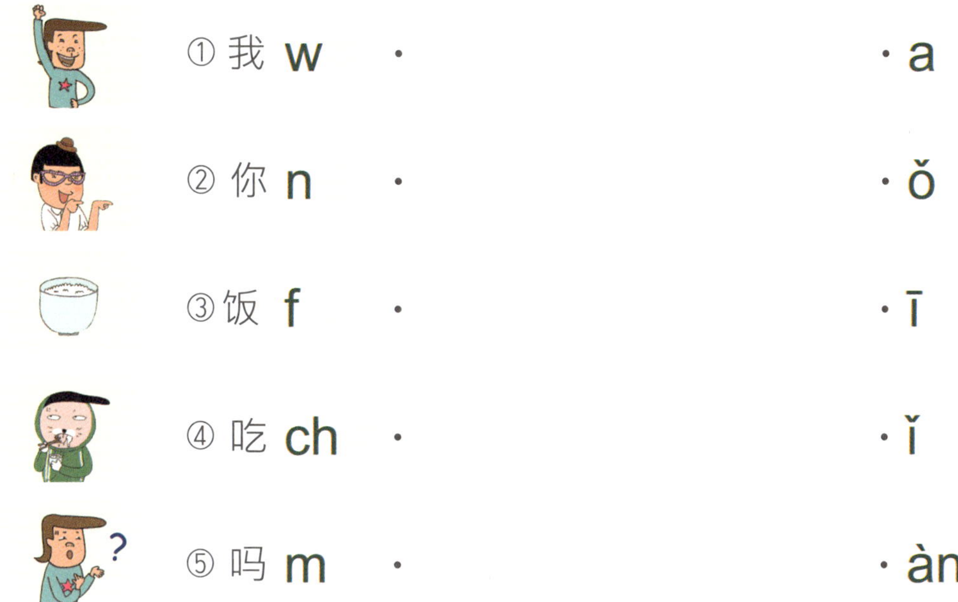

2. 아래 그림에 맞게 알맞은 말을 보기에서 찾아 써 보세요.

보기 吗 不 吃

정답 1. ① wǒ ② nǐ ③ fàn ④ chī ⑤ ma   2. ① 吃 ② 不 ③ 吗

02 여러 가지 인사말

중국어에는 아주 다양한 인사말이 있다. 아침, 점심, 저녁에 따라 다른 인사말, 처음 만났을 때, 아는 사이에, 헤어질 때 등 여러 상황과 대상에 따라 인사말을 다르게 사용할 수 있다.
이번 과에서는 가장 자주 쓰이며 꼭 알아야 할 기본 인사표현을 알아보도록 하자!

1. 你好! Nǐ hǎo 니하오 **안녕. 안녕하세요.**

1 你好!는 일상적인 인사말로, 시간이나 장소, 신분에 관계없이 항상 쓸 수 있는 가장 기본적인 인사말이다. 대답할 때도 你好!라고 하면 된다.
좀 더 정중하게 표현할 때는 존칭을 나타내는 您 nín 닌을 써서 您好! Nín hǎo 닌 하오라고 할 수 있다.

2 好 앞에 사람이나 시간을 나타내는 말을 붙여서 다양하게 표현할 수 있다.

2. 你好吗? Nǐ hǎo ma 니 하오 마 잘 지내고 있어(요)?

你好!는 아무 때나 쓸 수 있는 인사말인 반면, 你好吗? 는 이미 아는 사람끼리 잘 지내고 있어(요)?라는 안부를 물을 때 쓰는 표현으로 처음 만난 사람에게는 쓸 수 없다.

이에 대한 대답으로는 我很好。Wǒ hěn hǎo 워 헌 하오 나는 매우 잘 지내(요). 등과 같이 자신의 안부를 말하면 된다.

감사를 나타내는 표현은 여러 가지가 있지만 그 중 **谢谢!**는 **고마워요.**라는 뜻의 가장 일반적인 감사의 표현이다. 고마움을 표현할 때 언제든지 사용하며 감사의 인사를 받았을 경우에는 **천만에요.** 라는 의미의 **不用谢。** Bú yòng xiè 부용 시에 또는 **不客气。** Bú kèqi 부 커치 라고 대답하면 된다.

1 再见!은 다시 봐요, 또 만나요.라는 뜻의 헤어질 때 하는 인사말이다.
상대방도 똑같이 再见!이라고 대답하면 된다.

2 보다, 만나다라는 뜻의 见 jiàn 찌앤 앞에 시간을 나타내는 말을 넣어서
표현할 수 있다.

일단 듣기 ● ● ●   체크업!! ● ● ●   말하기 ● ● ●

니 하오
你 好!
Nǐ hǎo
안녕하세요!

닌 하오
您 好!
Nín hǎo
안녕하세요!

니 하오 마
你 好 吗?
Nǐ hǎo ma
잘 지내고 있어요?

워 헌 하오 시에시에
我 很 好, 谢谢。
Wǒ hěn hǎo, xièxie
잘 지내요(아주 좋아요), 고마워요.

짜이 찌앤
再 见。
Zài jiàn
다시 봐요. 또 만나요.

✔ 대화 내용의 구문 및 문법 핵심을 알아두자!

주어 ＋ 술어 (형용사) **형용사 술어문** p 38 참조

你　好!
Nǐ hǎo

안녕하세요.

> 3성+3성은 발음상의 편의를 위해 앞의 3성은 2성으로 발음해.(단, 표기는 그대로)

你의 존칭

您　好!
Nín

당신

의문조사

你　好　吗？
Nǐ hǎo ma

안녕하십 니 　~까?

p 38~39 참조

我　很　好，　谢谢。
Wǒ hěn hǎo, xièxie

영어의 I'm fine, thank you.

> hen 헌 ➡ h 흐(ㅎ) ✚ en 언
> 엔이 아니라 언과 같이 발음

> xie 시에 ➡ x 시(ㅅ) ✚ ie 이에

再　见。
Zài jiàn

다시, 또　보다, 만나다

> zai 짜이 ➡ z 쯔(ㅉ) ✚ ai 아이

> jian 찌앤 ➡ j 찌(ㅈ, ㅉ) ✚ ian 이앤
> 이안이 아니라 이앤과 같이 발음

성모와 운모의 결합

성모와 운모가 만나고 성조가 더해져 하나의 소리를 낸다.

zài 짜이
再 다시, 또

쯔(ㅉ)
z + 아이 **ai**   ❶ _zài_ ❷ .... ❸

운모가 2개 이상 결합되어 있을 경우, 성조부호를 표기할 때는 a→e→o 순서로 그 위에 표기한다.

hǎo 하오
好 좋다

허(ㅎ)
h + 아오 **ao**   ❶ _hǎo_ ❷ .... ❸

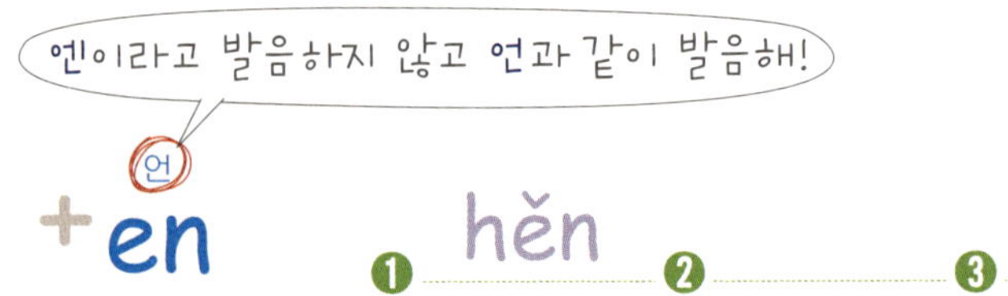

hěn 헌
很 매우, 아주

허(ㅎ)
h + 언 **en**   ❶ _hěn_ ❷ .... ❸

e 발음

- **e**가 (으)어로 발음되는 운모
  e 어, en 언, eng 엉, uen(un) 원, ueng 윙, er 얼

- **e**가 에로 발음되는 운모
  ei 에이, ie 이에, uei(ui) 웨이, üe 위에

i 에 성조부호를 표기할 때는 i 위의 점을 없애고 표기한다.

성조 연습

3성+3성

니　하오
nǐ hǎo → ní hǎo

你好! 안녕(하세요).

①　　　②　　　③

3성 + 3성의 경우, 발음상의 편의를 위해 앞의 3성이 2성으로 변한다.
단, 표기는 그대로 하고 발음만 변한다.

3성+3성+3성

워　헌　하오
Wǒ hěn hǎo

我很好。 나는 잘 지내요.

→ **Wó hén hǎo**

→ **Wǒ hén hǎo**

①　　　②　　　③

3성+3성+3성의 경우, 문맥에 따라 끊어서 2+2+3 또는 3+2+3으로 읽으면 된다.
단, 표기는 그대로 하고 발음만 변한다.

4성+4성

짜이　찌앤
zàijiàn

再见! 또 만나(요).

①　　　②

성조의 변화

시에　시에
xièxie

谢谢! 고마워요.

①　　　②

음이 같거나 뜻이 같은 말이 중복되어 쓰일 때는 뒤 음절을 경성으로 발음한다.

 이 과에서 배운 주요 한자를 따라 써 보고 중국어로 읽어 보자.

한자	쓰기	읽기

nín 닌
您
당신 你의 존칭

您

① ② ③

☑ ☐ ☐
您 니

hǎo 하오
好
좋다

好

① ② ③

☐ ☐ ☐
好 호

hěn 헌
很
매우, 아주

很

① ② ③

☐ ☐ ☐
很 흔

xiè 시에
谢
감사하다

谢

① ② ③

☐ ☐ ☐
谢 사

zài 짜이
再
또, 다시

再

① ② ③

☐ ☐ ☐
再 재

jiàn 찌앤
见
보다, 만나다

见

① ② ③

☐ ☐ ☐
见 견

01

워 헌 하오
我 很 好。
Wǒ hěn hǎo

나는 잘 지내요.

---

1 형용사 술어문

중국어의 기본 패턴은 **주어+술어**의 순서이다. **好**와 같이 어떠한 상태나 성질을 나타내는 말을 형용사라고 하는데 그러한 형용사가 술어로 쓰인 문장을 **형용사 술어문**이라고 한다.

워 헌 망
● 我很忙。　　나는 바쁩니다.
　Wǒ hěn máng

▶▶ 忙 máng 망　　　바쁘다

의문문을 만들때는 문장 뒤에 ~**까?**에 해당하는 **吗** ma 마를 붙여주면 된다.
부정문을 만들 때는 형용사 앞에 부정의 뜻을 나타내는 **不** bù 뿌를 넣어서
~하지 않다라는 뜻을 나타낸다.

- 니 망 마
  你忙吗? 　　당신은 바쁩**니까?**
  Nǐ máng ma

- 워 뿌 망
  我不忙。 　　나는 바쁘지 **않습니다.**
  Wǒ bù máng

2　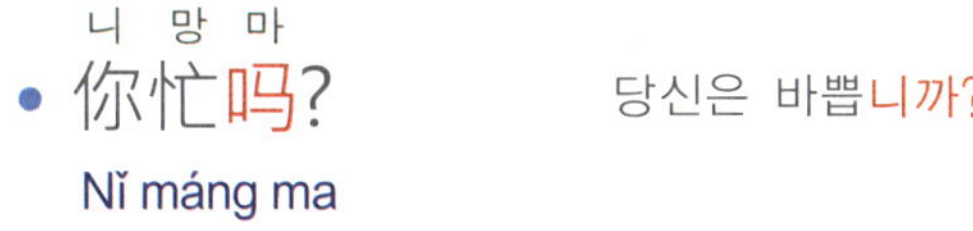 很 hěn 헌 매우

매우, 아주라는 뜻의 **부사**이다. 형용사 앞에 형식적으로 붙여주는 경우가
많으므로 이때는 가볍게 발음하며 해석할 필요가 없다.

1. 빈칸에 알맞은 한어병음을 넣어 보세요.

  hǎo   hěn   jiàn   nǐ   xiè

① 很

② 谢

③ 你好!

④ 见

2. 각 상황에 알맞은 인사말을 보기에서 고르세요.

3. 아래 대화를 보고 빈칸에 들어갈 알맞은 문장을 고르세요.

① 再见。Zàijiàn

② 你好吗? Nǐ hǎo ma

③ 我很好, 谢谢。Wǒ hěn hǎo, xièxie

 03 중국어의 호칭

중국어는 상대방을 부르는 호칭이 매우 다양하다. 상대방의 성별과 나이, 직업, 친분에 따라 다양하며 상황과 장소에 따라서도 다양한 호칭이 사용된다. 여기서는 가장 일반적으로 많이 사용하는 호칭을 살펴보도록 하자.

1. 처음 만났을 때, 모르는 사람을 부를 때

1 성인 남성에게는 일반적으로 **선생님**을 뜻하는 **先生** xiānsheng 시앤셩 이란 호칭을 사용하고 성인 여성에게는 일반적으로 **아가씨**를 뜻하는 **小姐** xiǎojiě 시야오지에라는 호칭을 사용한다. 모르는 사람에게 길을 물을 때 쓸 수 있고, 아는 사람에겐 앞에 성을 붙여서 사용하기도 한다.

2 최근에는 우리나라에서도 부르기 애매할 때 많이 쓰이는 **여기요**, **저기요**와 같이 중국어에서도 일반적으로 여성을 부를 때는 **美女** *měinǔ* 메이뉘, 남성은 **帅哥** shuàigē 슈아이꺼로 **미녀**, **미남**이라고 많이 부르는 추세이다.

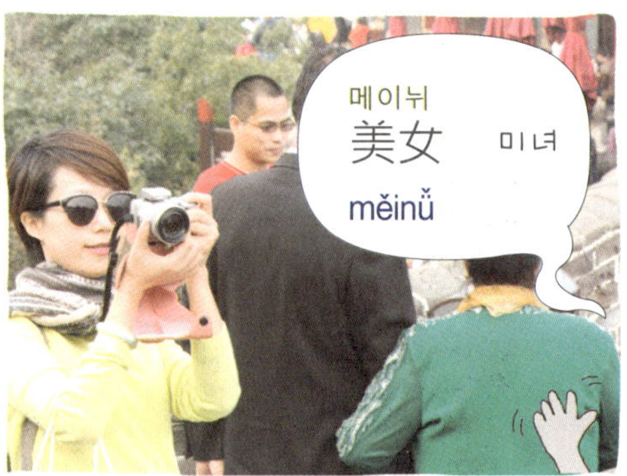

3 그러나 위 표현이 나보다 나이 많은 사람에게 사용하기 조심스럽다면 나보다 나이가 많은 남성에게는 **형**, **형님**을 뜻하는 **大哥** dàgē 따꺼, 나이가 든 아저씨들에게는 **大伯** dàbó 따보, **大叔** dàshū 따슈라고 부른다.
叔叔 shūshu 슈슈 **아저씨**는 주로 어린아이들이 사용하는 호칭이다.

4 나보다 나이가 많은 여성에게는 **언니**를 뜻하는 **大姐** dàjiě 따지에, 나이가 많은 이모님 쯤 되는 여성에게는 **아주머니**를 뜻하는 **大姨** dàyí 따이라고 부르는 게 좋다. 阿姨 āyí 아이는 주로 아이들이 사용한다.

1 우리나라와 마찬가지로 성 뒤에 그 사람의 직책을 붙여 **李主任** Lǐ zhǔrèn 리 쥬런 **이주임**, **王经理** Wáng jīnglǐ 왕 징리 **왕사장** 등과 같이 부른다.

2 친한 사람들끼리는 그 사람의 성 앞에 연장자에게는 **老** lǎo 라오, 그 반대는 **小** xiǎo 시야오를 붙여 **老李** lǎo Lǐ 이 씨, **小李** xiǎo Lǐ 이 군 등으로 부르면 좀 더 친근감을 느끼게 된다. 이는 일상생활에서 친한 사이에도 많이 사용된다.

1 식당에서 종업원을 부를 때, 또는 비행기에서 승무원을 부를 때, 역시 우리나라에서는 **여기요, 저기요**를 많이 쓴다. 중국어에서는 小姐 xiǎojiě 시야오지에라고 많이 부르지만, 최근에는 **종업원**을 뜻하는 服务员 fúwùyuán 푸우위앤이라고 부르는 게 일반적이다.

2 종업원이 남성일 수도 있고 또한 일부지역에서 小姐 xiǎojiě 시야오지에를 술집여자를 부를 때 사용하면서 단독으로는 잘 사용하지 않게 되었다. 小姐를 사용할 때는 앞에 꼭 성을 붙여서 李小姐! Lǐ xiǎojiě Miss Lee! 와 같이 불러야 한다.

1 师傅 shīfu 스푸는 **기사님, 아저씨, 아주머니**라는 뜻으로 성별에 상관없이 일반적인 남에 대한 존칭이다.

2 喂 wèi 웨이는 **야, 이봐, 여보세요**등과 같이 편하게 부를 때 사용하는 말이다. 그러나 성조를 2성 **wéi**로 발음하면 전화할 때의 **여보세요!**라는 뜻이 된다.

喂!
여보세요!

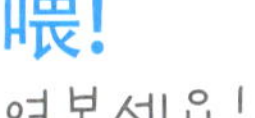

리　시앤셩　　　　니　하오
李　先生，　　你　好!
Lǐ xiānsheng, nǐ hǎo

이 선생님, 안녕하세요!

일반적인 남성

리 시야오지에　　니　하오
李 小姐，　　你　好!
Lǐ xiǎojiě, nǐ hǎo

이 양(Miss Lee), 안녕하세요!

일반적인 여성

라오　리
老 李!
lǎo Lǐ

이 씨!

아주 친한 사이에 (연장자에게)

시야오 리
小 李!
xiǎo Lǐ

이 군!

아주 친한 사이에 (동년배나 후배에게)

✔ 대화 내용의 구문 및 문법 핵심을 알아두자!

李　先生，　你　好！
Lǐ xiānsheng, nǐ hǎo

선생님, ~씨
p 58 참조

李　小姐，　你　好！
Lǐ xiǎojiě, nǐ hǎo

아가씨, ~양, Miss

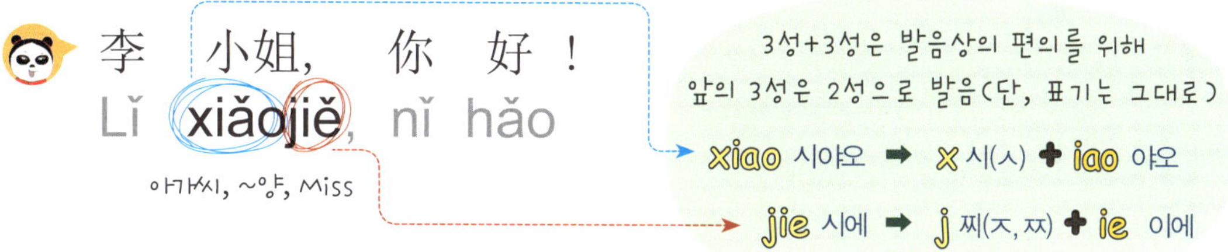

老 + 성씨

老 李！
lǎo Lǐ

~씨　이(성씨)

小 + 성씨

小 李！
xiǎo Lǐ

~군　이(성씨)

일단 듣기 ✔ ● ● ▶ 체크업!! ● ● ● ▶ 말하기 ● ● ●

푸우위앤
服务员!
fúwùyuán

식당에서 가게에서 종업원을 부를 때

종업원, 여기요!

스푸
师傅!
shīfu

전문적인 기술을 갖춘 사람, 남에 대한 일반적인 존칭

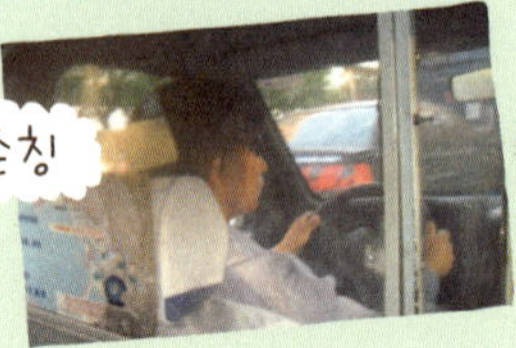

기사님, 아저씨, 아주머니!

웨이
喂!
wèi

비교적 편하게 부를 때

야, 이봐, 여보세요!

✔ 대화 내용의 구문 및 문법 핵심을 알아두자!

服务员!
fúwùyuán

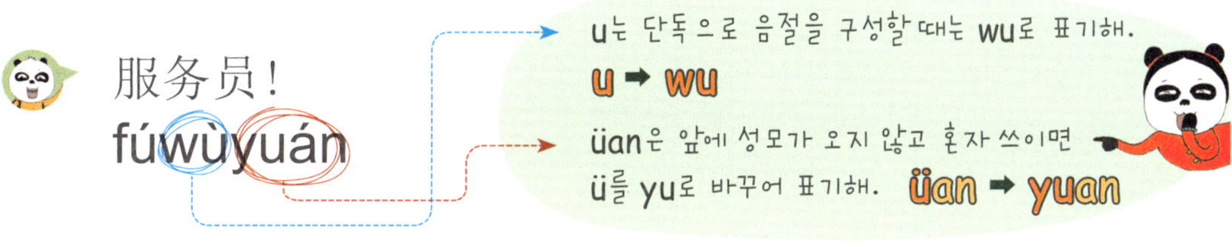

师傅!
shīfu

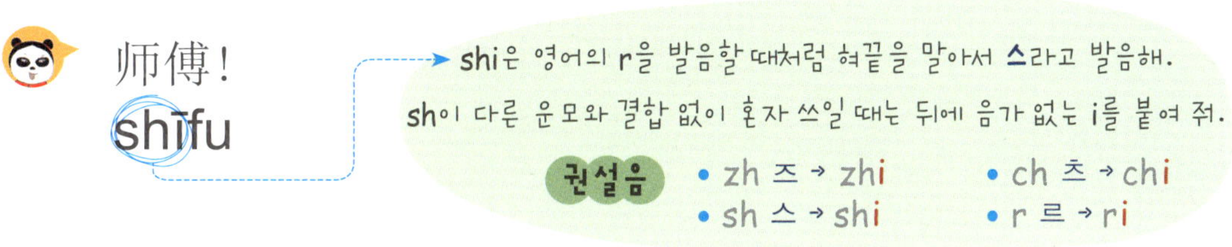

p 58 참조
喂!
wèi

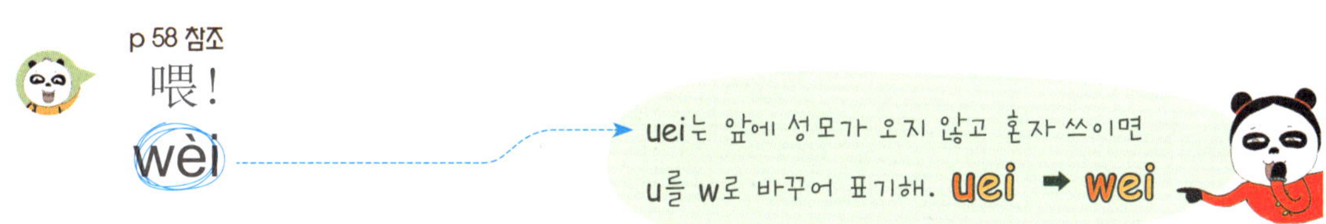

🐼 성모와 운모의 결합

성모와 운모가 만나고 성조가 더해져 하나의 소리를 낸다.

---

lǎo 라오
老 늙다

러(ㄹ)　　아오
l + **ao**　　❶ lǎo　　❷　　❸ ....

---

shēng 셩
生 낳다, 태어나다

스　　　엉
sh + **eng**　　❶ shēng　　❷　　❸ ....

---

jiě 지에
姐 언니, 누나

지(ㅈ, ㅉ)　　이에
j + **ie**　　❶ jiě　　❷　　❸ ....

---

xiǎo 시야오
小 작다, 어리다

시(ㅅ, ㅆ)　　이아오[야오]
x + **iao**　　❶ xiǎo　　❷　　❸ ....

xiān 시앤
先 먼저

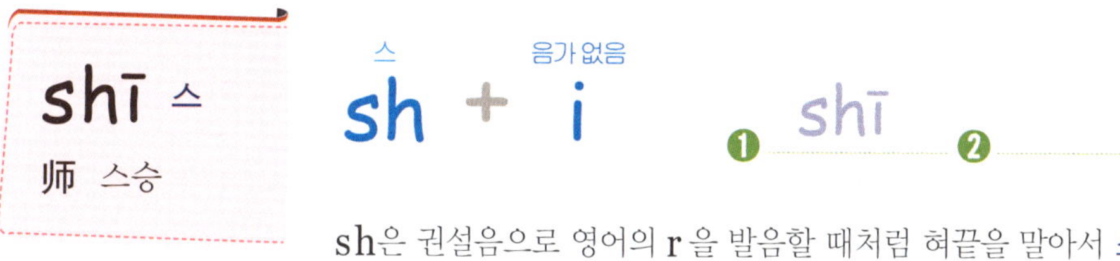

shī 스
师 스승

sh은 권설음으로 영어의 r 을 발음할 때처럼 혀끝을 말아서 <u>스</u>라고 발음한다.
sh이 다른 운모와 결합 없이 혼자 쓰일 때는 뒤에 음가 없는 i를 붙여 준다.

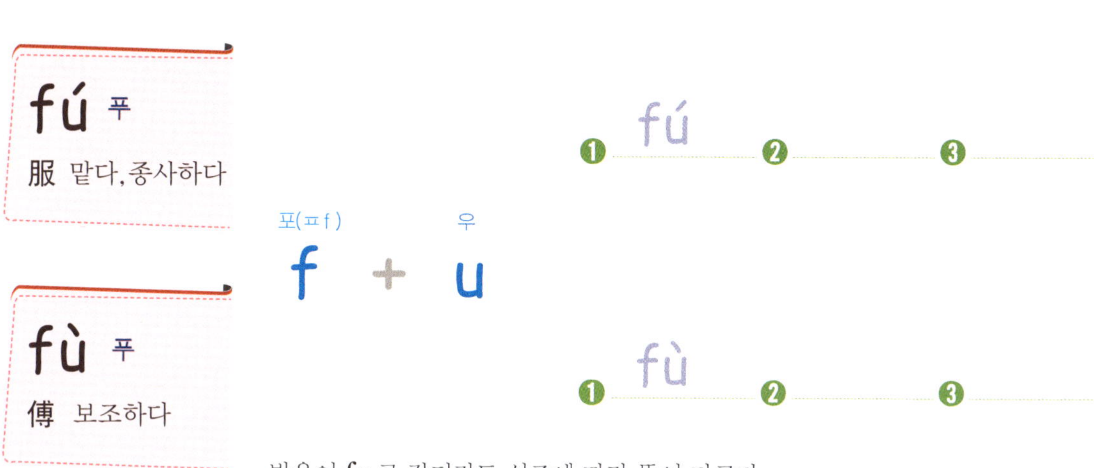

fú 푸
服 맡다, 종사하다

fù 푸
傅 보조하다

발음이 fu 로 같더라도 성조에 따라 뜻이 다르다.

wù 우
务 종사하다. 일하다

u 우 가 단독으로 음절을 구성할 때는 wu 로 표기한다.

성모와 운모의 결합

성모와 운모가 만나고 성조가 더해져 하나의 소리를 낸다.

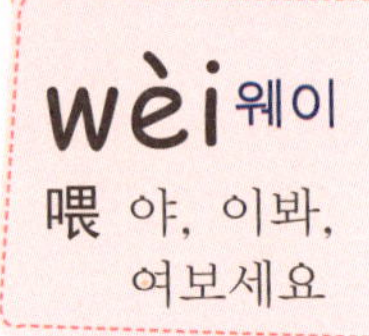

wèi 웨이
喂 야, 이봐,
여보세요

우에이 [웨이]

uei → wei ❶ wèi ❷ ⋯⋯ ❸

u 우 로 시작하는 운모는 앞에 성모가 오지 않고 혼자 쓰일 때, u를 w로 바꾸어
표기한다.

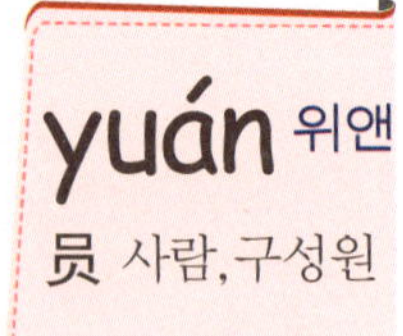

yuán 위앤
员 사람, 구성원

위앤

üan → yuan ❶ yuán ❷ ⋯⋯ ❸

ü 위 로 시작하는 운모는 앞에 성모가 오지 않고 혼자 쓰일 때, ü를 yu로 바꾸어
표기한다.

1성+경성

^{시앤} ^셩
xiānsheng

先生　　선생님, ~씨　　❶ ⋯⋯⋯⋯⋯⋯⋯ ❷

生 shēng 이 원래는 1성이지만, 여기서는 경성으로 발음한다.

^스 ^푸
shīfu

师傅　기사님, 아저씨, 아주머니　　❶ ⋯⋯⋯⋯⋯⋯⋯ ❷

傅 fù 는 원래는 4성이지만, 여기서는 경성으로 발음한다.

3성+3성

^{시야오} ^{지에}
xiǎojiě

小姐　　아가씨　　❶ ⋯⋯⋯⋯⋯⋯⋯ ❷

3성 + 3성의 경우, 발음상의 편의를 위해 앞의 3성이 2성으로 변한다.
단, 표기는 그대로 하고 발음만 변한다.

3음절 단어

^푸 ^우 ^{위앤}
fúwùyuán

服务员　　종업원　　❶ ⋯⋯⋯⋯⋯⋯⋯ ❷

이 과에서 배운 주요 한자를 따라 써 보고 중국어로 읽어 보자.

한자	쓰기	읽기

Lǐ 리
李
이 성씨
李 ① ② ③ ☑ □ □ 李 이

lǎo 라오
老
늙다
老 ① ② ③ □ □ □ 老 로

xiǎo 시야오
小
작다, 어리다
小 ① ② ③ □ □ □ 小 소

wèi 웨이
喂
야, 여기, 여보세요
喂 ① ② ③ □ □ □ 喂 위

시앤성
xiānsheng
先生
선생님

先生 선생

시야오지에
xiǎojiě
小姐
아가씨

小姐 소저

shīfu 스푸
师傅
기사님,
아저씨,
아주머니

師傅 사부

푸우위앤
fúwùyuán
服务员
종업원

服務員 복무원

01

시앤셩 　　　　라오스
先生 VS **老师** 　선생님
xiānsheng 　　lǎoshī

둘 다 모두 우리말로는 **선생님**으로 부른다. 그러나 **先生** xiānsheng 시앤셩은 앞에서 살펴본 것과 같이 일반적인 남성을 나타내는 호칭이며 때로는 자신의 남편을 가리킬 때도 사용한다. 반면 **老师** lǎoshī 라오스는 우리말의 **교사**, 즉 학문을 가르치는 선생님을 가리키는 호칭이다. 잘 구분해서 알아두도록 하자!

　　라오스　　닌 하오
● **老师**, 您好!　　　　선생님, 안녕하세요!
　　Lǎoshī　nín hǎo

　　따지아 하오
⋯▶ **大家好!**　　　　여러분, 안녕하세요!
　　Dàjiā　hǎo

02

　　　웨이　　　　　　　　　웨이
喂!　**wèi**　　　　　**wéi**
여보세요!

wèi 웨이라고 4성으로 부를 때는 **야, 이봐, 여보세요!** 등과 같이 편하게 부를 때 사용하는 말이다. 그러나 성조를 2성 wéi 웨이 라고 발음하면 전화 받을 때나 걸 때에 **여보세요!** 라는 인사말이 된다.

1. 빈칸에 알맞은 한어병음을 〈보기〉에서 골라 넣어 보세요.

보기   iǎo   wù   iān   eng   iě   yuán

① x   sh   ·   ·

② x   j   ·   ·

③ fú   ·   ·

2. 아래 사진을 보고 상황에 알맞은 호칭을 〈보기〉에서 고르세요.

보기   先生 xiānsheng   师傅 shīfu   服务员 fúwùyuán

정답   1. ① iān, eng ② iǎo, iě ③ wùyuán   2. ① 师傅 ② 服务员 ③ 先生

04 중국인의 성씨

1. 성씨의 유래

우리나라가 성과 이름을 쓰는 것처럼 중국 사람들도 성과 이름을 쓰고 있다.
중국은 거대한 인구만큼이나 사용하는 성씨의 종류가 무지 많다. 이들 성씨는
대개 여러 경로를 통해 만들어졌다.

1 모계 사회에서 모친의 이름

马	Mǎ	마	**마**
牛	Niú	니요우우	
羊	Yáng	양	양

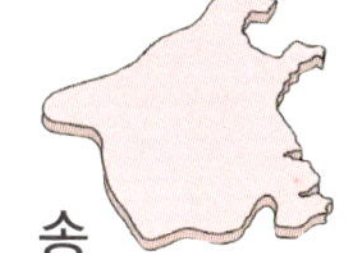

宋	Sòng	쏭	송
赵	Zhào	쟈오	조
吴	Wú	우	오

王	Wáng	왕	왕
公	Gōng	꽁	공
侯	Hóu	호우	후

城	Chéng	청	성
郭	Guō	궈	곽
园	yuán	위앤	원

司马	Sīmǎ	쓰마	사마
司徒	Sītú	쓰투	사도
司空	Sīkōng	쓰콩	사공

巫	Wū	우	무
卜	Bǔ	뿌	복
陶	Táo	타오	도

우리나라의 3대 성씨가 **김-이-박**이라면 중국에서는 **李** Li 리 **이**, **王** Wáng 왕 **왕**, **张** Zhāng 짱 **장**씨이다.

우리들이 흔히 알고 있는 대로 중국인하면 떠오르는 **왕 서방**, 또는 평범한 사람들을 비유적으로 이르는 말인 **장삼이사 张三李四**와 같은 표현을 보면 이를 알 수 있다.

장삼이사 张三李四

장씨의 셋째 아들과 이씨의 넷째 아들이라는 뜻으로, 이름이나 신분을 알 수 없는 평범한 사람들을 비유적으로 이르는 말이야.

이씨! 이씨! 장씨! 왕씨! 이씨 …
장씨, 장씨, 어휴 귀찮아… 그냥 이 이 이 이 ~ ~

중국의 10대 성씨

1위	李 Lǐ	리	이	扬 Yáng	양	양
2위	王 Wáng	왕	왕	赵 Zhào	짜오	조
3위	张 Zhāng	짱	장	黄 Huáng	황	황
	刘 Liú	리요우	유	周 Zhōu	쪼우	주
	陈 Chén	천	진	吴 Wú	우	오

일단 듣기　●　●　●　　체크업!!　●　●　●　　말하기　●　●　●

닌　꿰이　씽
您 贵 姓?
Nín guì xìng

성씨가 어떻게 되세요?

워　씽　리
我 姓 李。
Wǒ xìng Lǐ

제 성은 이 씨입니다.

니　찌야오　션머　밍즈
你 叫 什么 名字?
Nǐ jiào shénme míngzi

당신의 이름은 무엇입니까?

워　찌야오　진　훼이칭
我 叫 金 慧庆。
Wǒ jiào Jīn huìqìng

제 이름은 김 혜경이라고 합니다.

런스　니　헌　까오씽
认识 你, 很 高兴。
Rènshi nǐ, hěn gāoxìng

만나서 반갑습니다.

✓ 대화 내용의 구문 및 문법 핵심을 알아두자!

상대방의 성씨에 대한 높임표현   p 70 참조

您 贵 姓?
gui

uei는 앞에 성모가 오면 가운데 e가 없어지고
-ui라고 표기해. (uen 원도 마찬가지)
gui 꿰이 ➡ g 끄[끄] + uei 우에이[웨이]

我 姓 李。
xìng Lǐ

성씨,   이 (성씨 중의 하나) 중국에서 가장 많은 성씨
성이 ~이다

의문사

你 叫 什么 名字?
jiào shénme míngzi

이름을 묻는 표현

~라고   무엇, 무슨   이름
부르다   p 71 참조

p 72 참조
我 叫 金 慧庆。
Jīn huìqìng

한국사람 이름

문장의 처음, 인명, 국가명, 지명, 고유명사
등의 한어병음 첫 음절은 대문자로 표기해.

p 72 참조
认识 你, 很 高兴。
Rènshi   gāoxìng

알다   기쁘다, 즐겁다

Nice to meet you.

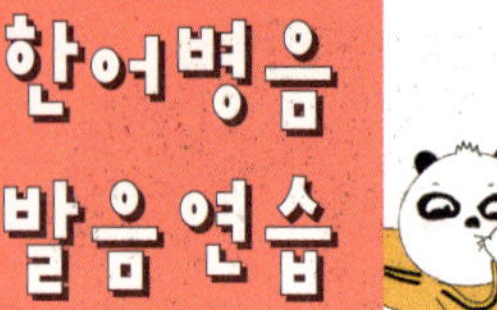 

성모와 운모의 결합

성모와 운모가 만나고 성조가 더해져 하나의 소리를 낸다.

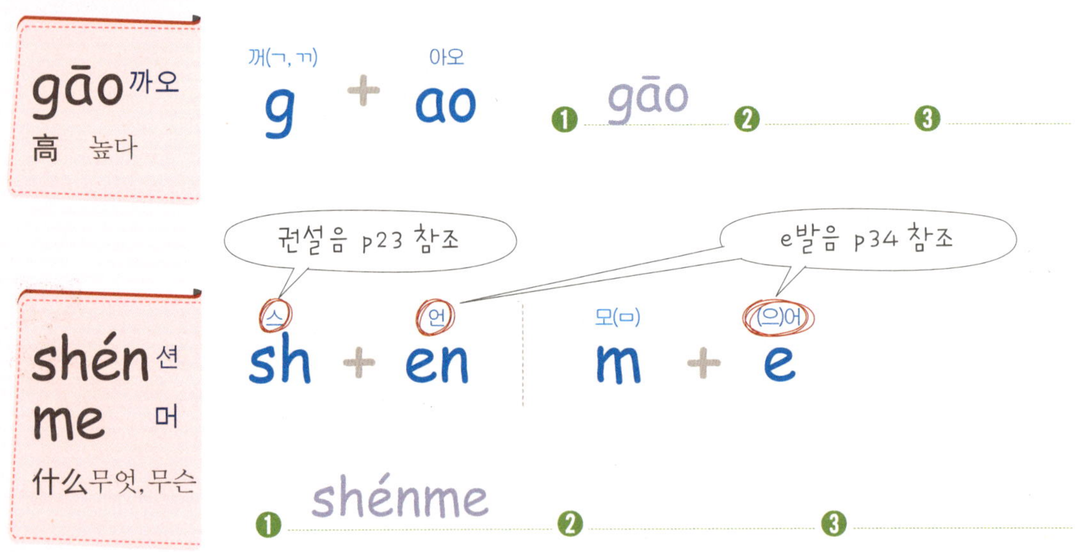

r는 권설음으로 영어의 r을 발음할 때처럼 혀끝을 말아서 르라고 발음한다.

zì 쯔
字 글자

쯔(ㅉ) z + 음가 없음 i

❶ zì ❷ ❸

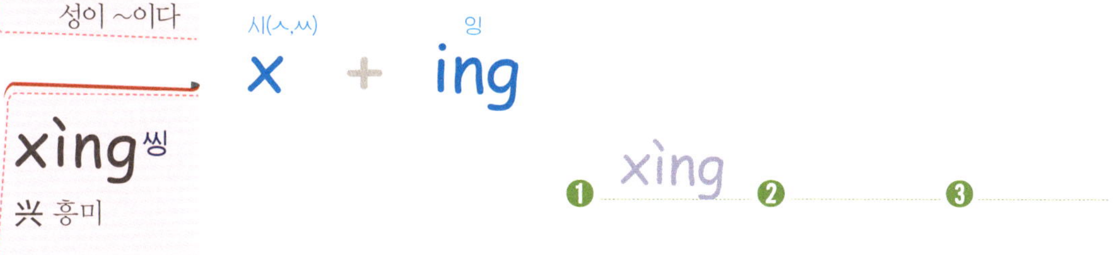

z는 설치음으로 혀끝을 윗니 안쪽에 붙였다 떼면서 쯔라고 발음한다.
z 또한 앞에 나온 ch, sh 등과 마찬가지로 다른 운모와 결합 없이 혼자 쓰일 때는 뒤에 음가 없는 i를 붙여 준다.

설치음

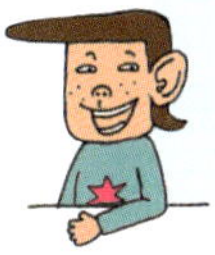

- z 쯔 → zi
- s 쓰 → si
- c 츠 → ci

míng 밍
名 이름

모(ㅁ) m + 잉 ing

❶ míng ❷ ❸

xìng 씽
姓 성씨, 성이 ~이다

❶ xìng ❷ ❸

시(ㅅ,ㅆ) x + 잉 ing

xìng 씽
兴 흥미

❶ xìng ❷ ❸

guì 꿰이
贵 비싸다, 귀하다

까(ㄱ,ㄲ) g + 우에이[웨이] uei → gui

❶ guì ❷

uei 웨이는 앞에 성모가 오면 가운데 e가 없어지고 –ui라고 쓴다.
uen 원도 마찬가지이다.

- 끄(ㄲ) g + 원 uen → 꿘[꾼] gun

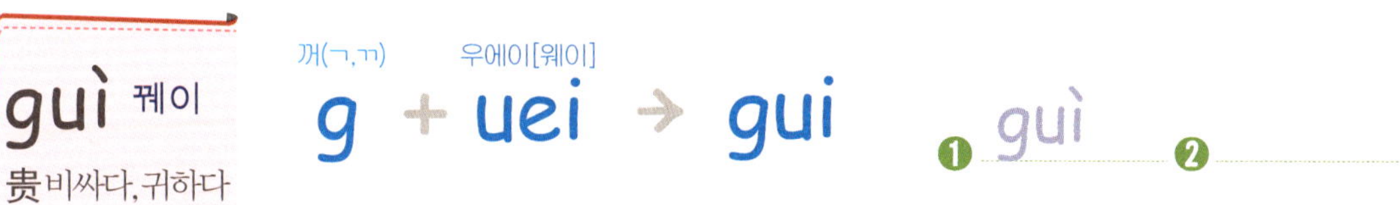

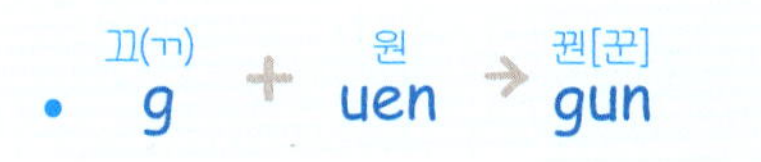

성조 연습

1성+4성

까오　씽
gāoxìng
高兴 기쁘다, 즐겁다　　❶ ⋯⋯⋯⋯⋯⋯⋯⋯⋯ ❷ ⋯⋯⋯⋯⋯⋯⋯⋯⋯

2성+경성

션　　머
shénme
什么 무엇, 무슨　　❶ ⋯⋯⋯⋯⋯⋯⋯⋯⋯ ❷ ⋯⋯⋯⋯⋯⋯⋯⋯⋯

밍　　즈
míngzi
名字 이름　　❶ ⋯⋯⋯⋯⋯⋯⋯⋯⋯ ❷ ⋯⋯⋯⋯⋯⋯⋯⋯⋯

字 zi 는 원래는 4성이지만, 여기서는 경성으로 발음한다.

4성+경성

런　　스
rènshi
认识 알다, 인식하다　　❶ ⋯⋯⋯⋯⋯⋯⋯⋯⋯ ❷ ⋯⋯⋯⋯⋯⋯⋯⋯⋯

뜻이 같은 말이 중복되어 쓰일 때는 뒤 음절을 경성으로 발음한다.

간체자 쓰기

이 과에서 배운 주요 한자를 따라 써 보고 중국어로 읽어 보자.

한자	쓰기	읽기

guì 꿰이
贵
귀하다, 비싸다
❶ ❷ ❸ — ✓ 　貴 귀

xìng 씽
姓
성씨, 성이 ~이다
❶ ❷ ❸ — 姓 성

jiào 찌야오
叫
~라고 부르다
❶ ❷ ❸ — 叫 규

shénme 션머
什么
무엇, 무슨 의문사
❶ ❷ — 什麼 십마

míngzi 밍즈
名字
이름
❶ ❷ — 名字 명자

rènshi 런스
认识
알다, 인식하다
❶ ❷ — 認識 인식

gāoxìng 까오씽
高兴
기쁘다, 즐겁다
❶ ❷ — 高興 고흥

01

닌 꿰이 씽

您贵姓? 당신의 성씨는 무엇입니까?
Nín guì xìng

 +  + 성씨   제 성은 ~씨입니다.

워
我
Wǒ

씽
姓
xìng

상대방의 성씨를 물을 때 쓰는 표현으로 중국에서는 처음 만났을 때 성만 묻는 게 예의이다. 성 앞에 **귀하다**라는 뜻의 **贵** guì 꿰이를 써서 예의를 갖추어 물어보는데, 이때 **贵**는 자신의 성을 말할 때, 제 3자의 성을 묻거나 대답할 때는 쓰지 않는다.
대답할 때는 성과 이름 모두 말할 수도 있고 성만 대답할 수도 있다.

워 씽 왕
● **我姓王。**   제 성은 왕 씨입니다.
Wǒ xìng Wáng

워 씽 찐
● **我姓金。**   제 성은 김 씨입니다.
Wǒ xìng Jīn

니 찌야오 션머 밍즈

你叫什么名字?

Nǐ jiào shénme míngzi

당신의 이름은 무엇입니까?

션머
什么
shénme

무엇

션머
什么
shénme
+ 명사

무슨, 어떤

비슷한 나이나 아래 사람의 이름을 물을 때 쓰는 표현이다.
什么 shénme 션머는 **무엇**이라는 뜻의 의문사이다. 의문사는 물어보고자 하는
부분에 넣으면 되고 이때는 문장 뒤에 **吗 ma** 마 **~까?**는 쓰지 않는다. 什么는
뒤에 명사가 오면 **무슨, 어떤**이라는 뜻으로 뒷말을 꾸며주기도 한다.

타 씽 션머

- 他姓什么?
  Tā xìng shénme

  그의 성은 무엇입니까?

타 찌야오 션머 밍즈

- 他叫什么名字?
  Tā jiào shénme míngzi

  그의 이름은 무엇입니까?

03

워　찌야오
我 + 叫 + 이름 。
Wǒ　jiào

제 이름은 ~입니다.
저는 ~라고 합니다.

叫는 ~라고 부르다라는 동사로 **我叫+이름**의 순서로 말하면 **내 이름은 ~이다**,
나는 ~라고 한다라는 이름을 말하는 표현이 된다.

워 찌야오 쨩밍
● **我叫张明。**　　제 이름은 쨩 밍이라고 합니다.
Wǒ jiào Zhāng míng

04

런스 니 헌 까오씽
认识你很高兴。　　만나서 반갑습니다.
Rènshi　nǐ, hěn gāoxìng

처음 만났을 때 **만나서 반갑다**라는 뜻의 인사말로, 영어의 Nice to meet
you.와 같은 표현이다. **认识** rènshi 런스 **알다** 대신 **만나다**라는 뜻의 **见到** jiàn dào
찌앤따오를 써서 **见到你, 很高兴。** Jiàn dào nǐ, hěn gāoxìng 찌앤 따오 니 헌 까오씽
이라고 해도 같은 표현이다.

1. 빈칸에 알맞은 한어병음을 써 넣으세요.

① sh m
什么

② r sh
认识

③ íng i
名字

④ āo ìng
高兴

2. 당신의 이름은 무엇입니까?라는 중국어 표현을 〈보기〉한자를 나열하여 만들어 보세요.

| 什么 | 你 | 名字 | 叫 |

→　　　　　　　　　　　　　　　　　　　　　　?

Nǐ jiào shénme míngzi

3. 빈칸을 채워서 대화를 완성하세요.

A : 您　姓? Nín guì xìng

B : 我　张。 Wǒ xìng Zhāng

A : 认识您很　　。 Rènshi nín hěn gāoxìng

05 중국의 수도 베이징

中国 Zhōngguó 쫑궈 **중국** 은 총인구가 약 14억 정도로 세계에서 인구가 가장 많은 나라이다. 중국의 국토는 러시아·캐나다에 이어 세계 제3위이고, 중국의 황하문명은 세계 4대 문명 중 하나이다.

중국의 공식 국가 명은 **中华人民共和国** Zhōnghuá rénmín gònghéguó
쫑궈런민꿍허궈 **중화인민공화국**이다. 국기는 **오성홍기**로 큰 별은 중국
공산당을 상징하며 작은 네 개의 별은 각각 노동자, 농민, 소 부르주아, 민족
부르주아를 상징한다. 면적은 약 960만㎢로 한반도의 약 44배에 달하며
국경을 맞대고 있는 나라만도 12개국이다. 행정구역은 4개의 직할시,
23개성, 5개 자치구, 2개의 특별자치구로 구분된다.

인구의 92%정도가 한족이고 나머지는 55개의 소수민족으로 구성되어
있다. 소수민족은 소수민족보호정책에 따라 고유의 언어와 문자를 사용하는
등 그들의 문화와 풍습을 보존하며 대부분 자치구에서 생활한다. 그러나
한족의 증가와 대량 이주로 소수민족 지역에도 한족이 거주하여 서로
동화되어 가고 있는 실정이다.

중국의 수도는 北京 Běijīng 베이징 북경이다. 허베이 성으로 둘러싸여 있으며 동쪽으로는 天津 Tiānjīn 톈진 천진시와 접한다. 옛 이름으로 燕京 Yānjīng 이앤징 연경이라 불기기도 하는데 이는 베이징이 전국시대 연나라의 수도였기 때문이다. 베이징하면 떠오르는 것은 요리로는 北京烤鸭 Běijīngkǎoyā 베이징 카오야 북경 오리구이를 빼놓을 수 없다. 또한 중국의 대표적인 전통 연극인 京剧 Jīngjù 징쥐 경극도 빼놓을 수 없는데 베이징, 즉 북경에서 발전한 연극이라 경극이라 불린다. 200년의 역사와 전통을 자랑하는 경극은 베이징의 오페라로도 불리며 많은 사람들의 사랑을 꾸준히 받고 있다.

오랜 역사와 전통의 도시답게 **紫禁城** Zǐjinchéng **쯔진청** 자금성, **天安门** Tiān'ānmén **티앤안먼** 천안문, **万里长城** Wànlǐchángchéng **완리창청** 만리장성, **颐和园** Yíhéyuán **이허위앤** 이화원 등 세계적으로 유명한 유적과 유물들이 많이 남아있다.

중국의 국가적 자존심을 높여줄 행사로 2008년에는 베이징에서 **하계 올림픽**이 개최되기도 하였다.

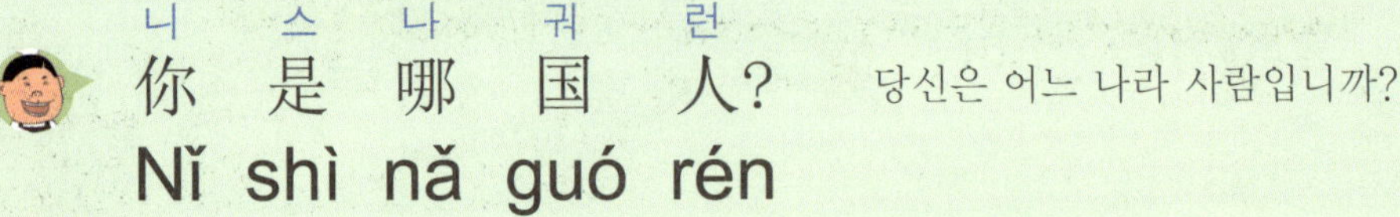

니 스 나 궈 런
你 是 哪 国 人?　　당신은 어느 나라 사람입니까?
Nǐ shì nǎ guó rén

워 스 쫑궈런 니 스 쫑궈런 마
我 是 中国人。 你 是 中国人 吗?
Wǒ shì Zhōngguó rén. Nǐ shì zhōngguó rén ma
저는 중국 사람입니다. 당신은 중국 사람입니까?

워 부스 쫑궈런 스 한궈런
我 不是 中国人, 是 韩国人。
Wǒ bú shì Zhōngguó rén, shì hánguó rén
저는 중국 사람이 아닙니다, 한국 사람입니다.

니 쭈 짜이 나알
你 住在 哪儿?　　당신은 어디에 살아요?
Nǐ zhù zài nǎr

워 쭈 짜이 베이징
我 住在 北京。　　저는 베이징에 삽니다.
Wǒ zhù zài Běijīng

✔ 대화 내용의 구문 및 문법 핵심을 알아두자!

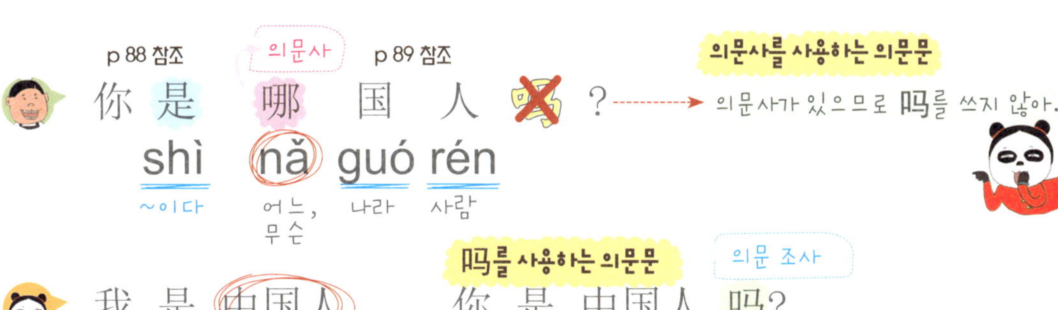

성모와 운모의 결합

성모와 운모가 만나고 성조가 더해져 하나의 소리를 낸다.

nǎ 나
哪 어느, 어떤

너(ㄴ) + 아
n + a

① nǎ **②** **③**

hán 한
韩 나라 이름

허(ㅎ) + 안
h + an

① hán **②** **③**

zhōng 쫑
中 가운데

즈[쯔] + 옹
zh + ong

① zhōng **②** **③**

zh 즈, ch 츠, sh 스, r 르 는 영어의 r을 발음할 때처럼 혀끝을 말아서 발음해서 권설음 (말 권 혀 설 소리 음)이라고 한다. 다른 운모와 결합 없이 혼자 쓰일 때는 뒤에 음가 없는 i를 붙여 준다.

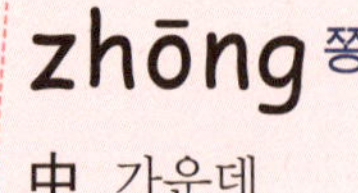

권설음

- zh즈 → zhi
- ch츠 → chi
- sh스 → shi
- r르 → ri

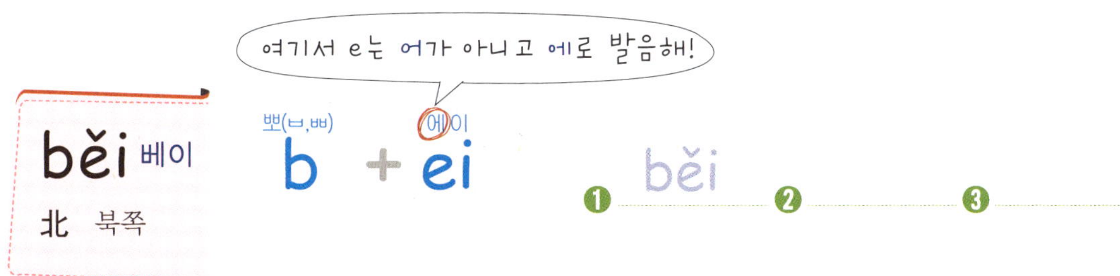

여기서 e는 어가 아니고 에로 발음해!
bĕi 베이
北 북쪽
뽀(ㅂ,ㅃ)
에이
b + ei
① bĕi ② ③

jīng 징
京 수도, 서울
지(ㅈ,ㅉ)
잉
j + ing
① jīng ② ③

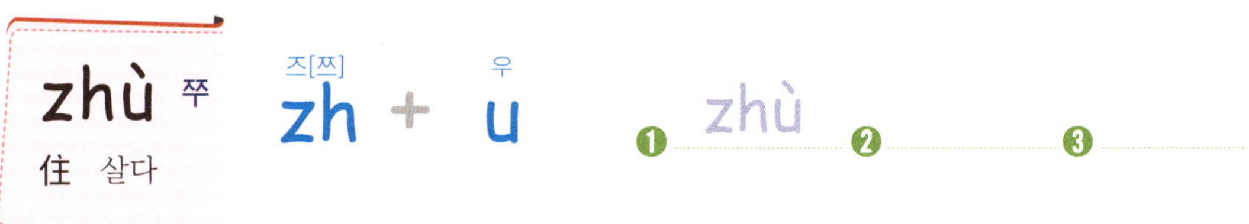

zhù 쭈
住 살다
즈[쯔]
우
zh + u
① zhù ② ③

guó 궈
国 나라
꺼(ㄱ,ㄲ)
우오[워]
g + uo
① guó ② ③

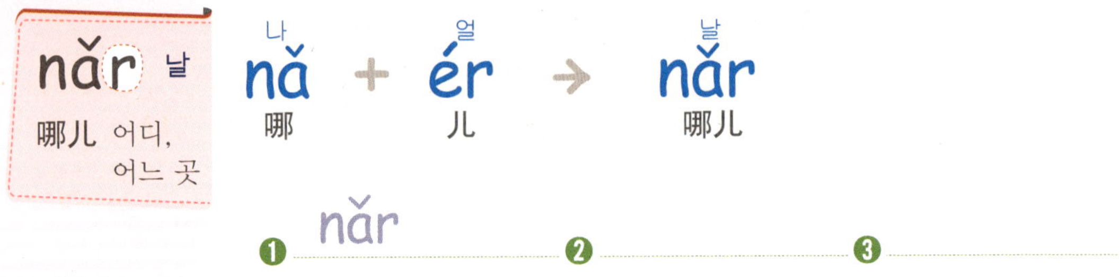

nǎr 날

哪儿 어디,
　　어느 곳

나　　　　얼　　　　　날
nǎ + **ér** → **nǎr**
哪　　　 儿　　　　哪儿

❶ nǎr ⸺⸺⸺ ❷ ⸺⸺⸺ ❸ ⸺⸺⸺

운모 er얼은 성모와 결합하지 않고 항상 단독으로 쓰이지만 때로는 단어 끝에 붙어서 발음변화를 일으키는데 이러한 현상을 얼화 儿化 érhuà라고 한다.

1 마지막 운모가 -a, -o, -e, -u 로 끝날 때는 -r -ㄹ 음만 첨가된다.

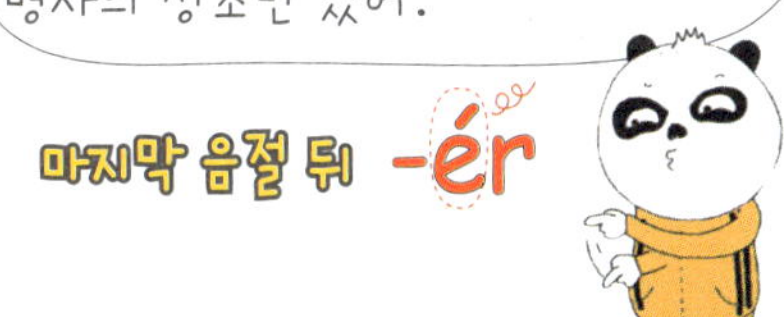

2 마지막 운모가 -ai, -er, -n, -ng 로 끝날 때는 -i 나 -n, -ng 음이 탈락되면서 -r -ㄹ 음만 첨가된다.

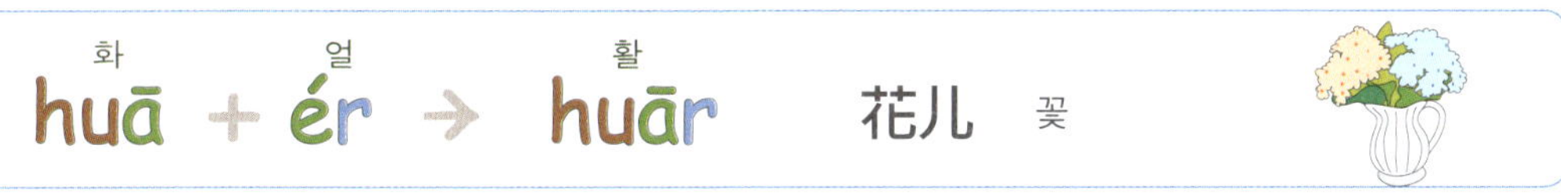

3 마지막 운모가 -i 나 -ü 로 끝날 때는 -er -얼 음이 첨가된다. 또한 -in, -ing 로 끝날 때는 -n, -ng 음이 탈락되면서 -er -얼 음이 첨가된다.

 성조 연습

1성+2성 	쫑 궈 **Zhōngguó** 中国 중국

❶ ─────────────── ❷

2성+2성 	한 궈 **Hánguó** 韩国 한국

❶ ─────────────── ❷

3성+1성	베이 징 **Běijīng** 北京 베이징 북경

❶ ─────────────── ❷

3성+4성 	워 스 **Wǒ shì** 我是 나는 ~이다

❶ ─────────────── ❷

니 스
Nǐ shì
你是 너는 ~이다

❶ ─────────────── ❷

3성 + 1·2·4·경성의 경우, 앞의 3성 발음 부분 중 내려가는 앞부분만을 소리 내는데 이것을 반 3성이라고 한다.

부　스
bù shì → búshì
不是 ~가 아니다

búshì
❶ ─────── ❷ ─────── ❸

不 bù 는 원래 4성이지만 뒤에 4성이 올 경우, 2성으로 발음이 변한다.

부　　야오
bù yào → bú yào　　不要 ~하지 마라

 이 과에서 배운 주요 한자를 따라 써 보고 중국어로 읽어 보자.

한자	쓰기	읽기

shì 스
是
~이다

是 ❶ ❷ ❸

☑ ☐ ☐
是　시

nǎ 나
哪
어느, 어떤 의문사

哪 ❶ ❷ ❸

☐ ☐ ☐
哪　나

zhùzài 쭈짜이
住在
~에서 살다

住在 ❶ ❷ ❸

☐ ☐ ☐
住在　주재

nǎr 날
哪儿
어디, 어디에 의문사

哪儿 ❶ ❷ ❸

☐ ☐ ☐
哪儿　나아

Běijīng 베이징
北京
베이징 지명

北京 ❶ ❷ ❸

☐ ☐ ☐
北京　북경

한궈런
Hánguórén
韩国人
한국사람

韩国人

Hánguó 한궈
韩国
한국

＋

rén 런
人
사람

韓國人 한국인

❶ ❷ ❸

쫑궈런
Zhōngguórén
中国人
중국사람

中国人

Zhōngguó 쫑궈
中国
중국

＋

rén 런
人
사람

中國人 중국인

❶ ❷ ❸

01

니 스 나 구어 런
你是哪国人? 당신은 어느 나라 사람입니까?
Nǐ shì nǎ guó rén

1 是 shì 스 ~이다

是 shì 스는 영어의 be동사와 비슷하며 **~이다**라는 뜻의 동사이다. 주어의 인칭이나 단·복수, 시제에 다라 변하지 않는다. 我是~ wǒ shì~ 워 스~는 영어의 I am(I'm)~과 같고 你是 Nǐ shì~ 니 스~는 You are(You're)~ 과 같다.

워 스 한궈런
- **我是韩国人。**   나는 한국사람입니다.
  Wǒ shì Hánguórén

타 스 쫑궈런
- **他是中国人。**   그는 중국사람입니다.
  Tā shì Zhōngguórén

2 哪国人 nǎ guó rén 나 궈 런 어느 나라 사람

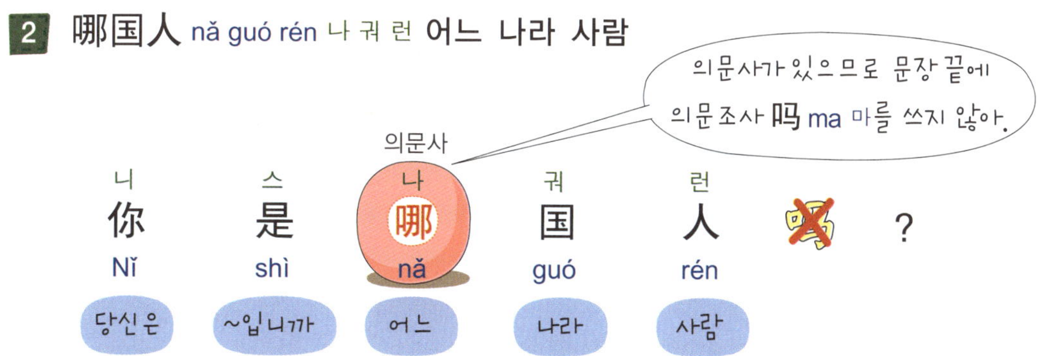

哪 nǎ 나 는 **어느, 어디**라는 뜻의 의문사로 뒤에 다른 말을 붙여서 불특정한 장소나 사람, 사물 등을 가리키는 의문대명사로 사용된다. 의문사를 사용하는 의문문은 의문사가 있으므로 문장 끝에 의문조사 吗 ma 마를 쓰지 않는다.

날	나리	나 거
哪儿	哪里	哪个
nǎr	nǎli	nǎ ge
어디	어디, 어느 곳	어느 것

02

니 스   쫑궈런   마

你是中国人吗? 당신은 중국사람입니까?

Nǐ shì Zhōngguó rén ma

---

1 是 ~ 吗? shì ~ ma 스~마 ~입니까?

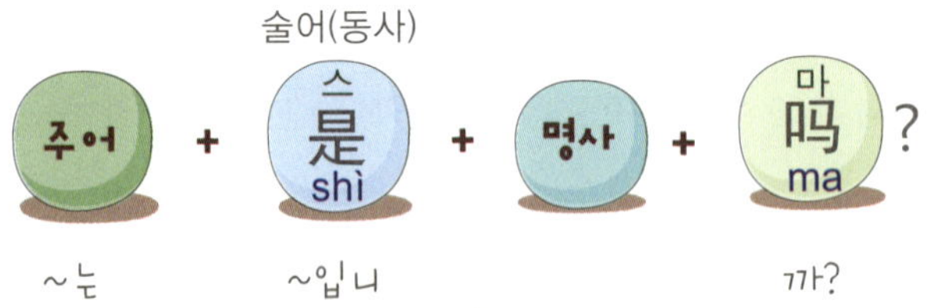

가장 일반적인 의문문으로 평서문의 끝에 우리말의 ~까?에 해당하는 吗 ma 마를 붙여주고 말할 때 끝을 약간 올려서 읽는다. 대답할 때는 의문문에 사용된 술어를 그대로 사용해서 대답한다.

니 스 한궈런 마
• **你是韩国人吗?**　　　너는 한국사람이니?
　Nǐ shì Hánguórén ma

스, 워 스 한궈런
⋯ **是, 我是韩国人。**　　응, 나는 한국사람이야.
　Shì, wǒ shì Hánguórén

2 中国人 Zhōngguó rén 쫑궈런 중국인, 중국사람

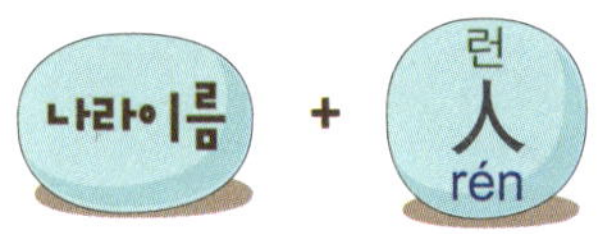

~나라 사람을 나타낼 때는 **나라이름** 뒤에 **사람**을 뜻하는 **人** rén 런을 붙여서 **나라이름**+**人**으로 나타내면 된다.

한궈런
- 韩国人 한국인
  Hánguórén

르번런
- 日本人 일본인
  Rìběnrén

메이궈런
- 美国人 미국인
  Měiguórén

나라 이름

03

워　부스　쫑궈런

我**不是**中国人。　나는 중국사람이 아닙니다.
Wǒ búshì Zhōngguó rén

1 不是 búshì 부스 ~이(가) 아니다

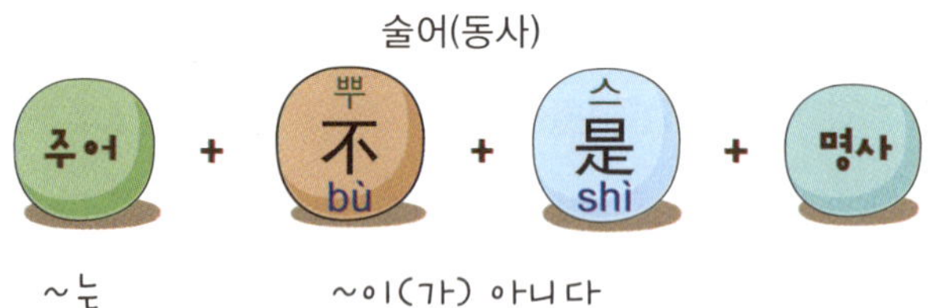

부정문은 동사나 형용사 앞에 ~**아니다**라는 뜻의 **不** bù 뿌를 붙인다.
是의 부정을 나타낼 때는 앞에 **不**를 써서 **不是** búshì 부스이라고 하면 된다.

2 성조의 변화

bù shì → búshì
不　是　　　不是

bù는 원래 4성이지만 뒤에 4성이 올 경우, 2성으로 발음이 변한다.

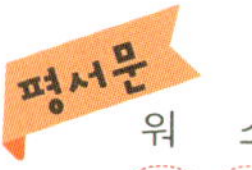

평서문

워 스 쫑궈런
我 是 中国人。
Wǒ shì Zhōngguó rén.
저는 중국사람입니다.

의문문

니 스 쫑궈런 마
你 是 中国人 吗?
Nǐ shì zhōngguó rén ma
당신은 중국사람입니까?

부정문

워 부스 쫑궈런
我 不 是 中国人。
Wǒ búshì Zhōngguó rén
나는 중국사람이 아닙니다.

평서문

워 쭈짜이 베이징
我 住在 北京。
Wǒ zhùzài Běijīng
나는 베이징에 삽니다.

의문문

니 쭈짜이 베이징 마
你 住在 北京 吗?
Nǐ zhùzài Běijīng ma
당신은 베이징에 삽니까?

부정문

워 부 쭈짜이 베이징
我 不 住在 北京。
Wǒ bú zhùzài Běijīng
나는 베이징에 살지 않습니다.

04

니 쭈짜이 날
你住在哪儿? 당신은 어디에 삽니까?
Nǐ zhùzài nǎr

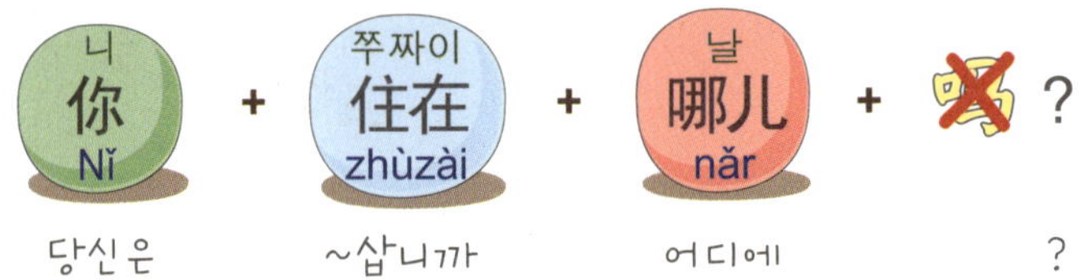

니 你 Nǐ	+	쭈짜이 住在 zhùzài	+	날 哪儿 nǎr	+	~~吗~~?
당신은		~삽니까		어디에		?

住在 zhùzài 쭈짜이는 ~에서 **살다**라는 뜻이다. 영어의 숙어처럼 한 단어로 알아 두면 된다.

哪儿 nǎr 날은 **어디, 어느 곳**이라는 의문사로 문장 끝에 의문조사 吗 ma 마를 쓰지 않는다. 의문사의 위치는 **주어+술어**라는 문장구조 안에서 묻고자 하는 부분에 놓으면 된다.

上海 Shànghǎi 샹하이 **상하이** 상해

상하이는 중국의 양쯔 강(扬子江) 하구에 있는 도시로, 중국 4대 직할시 중의 하나이며 수도인 베이징에 버금가는 중국의 대표 도시이자, 중국 최대의 경제·문화 관광 중심 도시이다. 대한민국 임시정부가 수립되었던 곳이기도 하다.

연습문제

1. 아래 그림을 보고 한어병음에 맞는 한자를, 한자에 맞는 한어병음을 각각 써 넣으세요.

2. 아래 그림을 보고 빈칸에 들어갈 알맞은 문장을 고르세요.

Q: 你是中国人吗?
Nǐ shì Zhōngguórén ma

A: 　　　　　　　　　　　。

① 是, 我是中国人 。 Shì, wǒ shì Zhōngguórén

② 不是, 我不是中国人 。 Búshì, wǒ búshì Zhōngguórén

③ 你是韩国人吗? Nǐ shì Hánguórén ma

1. ① 韩国　② 中国　③ Běijīng　④ nǎr　**2.** ① 설명 긍정의 대답은 是, 부정의 대답은 不是

06 중국의 가족

1. 1가구 1자녀 정책

현재 중국의 인구는 약 13억 6000만 명으로 세계 인구의 4분의 1을 차지하며 세계 1위의 인구 대국이다. 인구 증가의 심각성으로 인해 중국은 1980년부터 인구 억제 정책으로 **산하제한 정책**인 **1가구 1자녀 출산 정책**을 펼쳤다. 도시에서는 아들, 딸에 관계없이 한 자녀만, 농촌에서는 노동력을 이유로 첫째가 딸인 경우 둘째까지 낳을 수 있었다.

아이를 낳고도 벌금을 낼 형편이 되지 않아 세상에 내놓지 못해서 생기는 **헤이하이즈 黑孩子** hēiháizi **불법아이**, 한 명의 자녀에게 지나치게 집중한 나머지 이기적이고 개인적인 아이가 되어버린 **시야오황띠 小皇帝** xiǎohuángdì **소황제** 신드롬 등의 사회적 문제가 발생하였다.

1 헤이하이즈 黑孩子 hēiháizi 불법아이, 무호적자

직역하면 **검은 아이**라는 뜻으로 산아제한의 기준을 어기고 태어난 아이는 호적에 올릴 수 없기 때문에 출생신고를 하지 않은 호적이 없는 아이를 일컫는 말이다. 이 아이들까지 합하면 실제 중국의 인구는 훨씬 많을 것으로 예상된다.

2 시야오황띠 小皇帝 xiǎohuángdì 소황제, 어린 황제

1가구 1자녀 출산 정책에 따라서 하나 밖에 없는 아이가 집에서 **황제**처럼 대접받으며 자라난 모습을 두고 나온 표현이다. 외동으로 태어나 온 집안의 관심과 과도한 사랑을 듬뿍 받고 자라 매우 개인주의적이고 이기적인 성향을 지닌 이 세대는 성인이 되어서도 취업을 하지 않고 집에서만 생활하는 등 여러 가지 부작용이 심각해 사회문제로 대두되고 있다.

3 빠링허우 80后 bālínghòu

나~처럼~

시야오황띠 小皇帝 xiǎohuángdì 소황제, 시야오꽁주 小公主 xiǎogōngzhǔ 소공주 라고 불리며 부모의 관심과 사랑을 한 몸에 받고 자란 세대야. 자유롭고 경제적으로 풍요로움을 누리는 세대로 기성세대보다 독립적이고 개성이 강하지.

1가구 1자녀 정책으로 발생하는 문제점과 중국 역시 노령화, 저출산, 생산 인구 감소 문제에 대한 해결책으로 30여 년 넘게 고수해온 1가구 1자녀 정책을 폐지하고 2016년 초부터 **1가구 2자녀 정책**을 실시하고 있다. 향후 중국의 인구는 더 늘어날 것으로 예상된다.

06 | 你家有几口人?
가족이 몇 명입니까?

니 요우 메이요우 숑띠
你 有 没有 兄弟?
Nǐ yǒu méiyǒu xiōngdì

당신은 형제가 있습니까?

워 메이요우 숑띠
我 没有 兄弟。
Wǒ méiyǒu xiōngdì

저는 형제가 없습니다.

니 지아 요우 지 코우 런
你 家 有 几 口 人?
Nǐ jiā yǒu jǐ kǒu rén

당신 가족은 몇 명입니까?

워 지아 요우 싼 코우 런, 빠바 마마 허 워
我 家 有 三 口 人, 爸爸、妈妈 和 我。
Wǒ jiā yǒu sān kǒu rén, bàba māma hé wǒ

우리 집은 아빠, 엄마 그리고 저, 3식구입니다.

✔ 대화 내용의 구문 및 문법 핵심을 알아두자!

긍정 + 부정　반복의문문　p 109 참조

你 有 没有 兄弟?

있어요, 없어요?

有의 부정형　　　　　　　　　　　　　　　　　　　不有 라고 하지 ✕

我 没有 兄弟。 부정문

~이 없다　p 108 참조

p 110 ~111 참조　의문사　양사

你 家 有 几 口 人?　의문사를 사용하는 의문문

있어요?　몇　~식구,
　　　　　　~명

가족의 수를 셀 때

양사 : 우리말에서 사람이나 사물을 셀 때 쓰는 ~명, ~개와
같은 단위처럼 중국어에서도 수량을 셀 때 쓰는 말

수사 + 양사 + 명사　　　　　　　　　　접속사

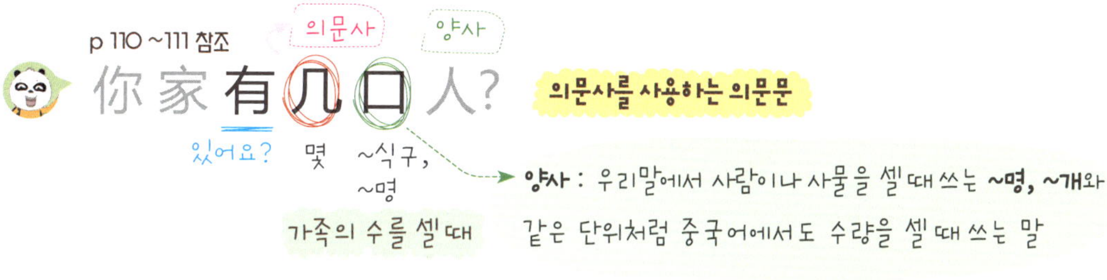

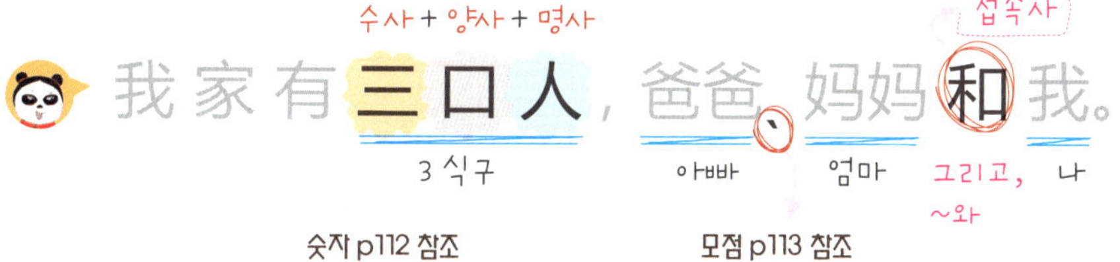

숫자 p112 참조　　　　　모점 p113 참조

성모와 운모의 결합

성모와 운모가 만나고 성조가 더해져 하나의 소리를 낸다.

---

bà 빠
爸 아빠

뽀(ㅂ,ㅃ)   아
b + a

❶ bà   ❷   ❸

---

sān 싼
三 3

쓰(ㅅ,ㅆ)   안
s + an

❶ sān   ❷   ❸

---

hé 허
和 ~와, 그리고

허(ㅎ)   어
h + e

❶ hé   ❷   ❸

---

méi 메이
没 ~아니다

모(ㅁ)   에이
m + ei

❶ méi   ❷   ❸

---

dì 띠
弟 아우

떠(ㄷ,ㄸ)   이
d + i

❶ dì   ❷   ❸

i 이 로 시작하는 운모는 앞에 성모가 오지 않고 혼자 쓰일 때, i를 y로 바꾸어 표기한다. iou는 앞에 성모가 오면 가운데 o가 없어지고 −iu라고 쓴다.

1성+4성

숑　　띠
xiōngdì

兄弟 형제

❶ ⋯⋯⋯⋯⋯⋯⋯⋯⋯⋯ ❷ ⋯⋯⋯⋯⋯⋯⋯⋯⋯⋯

2성+3성

메이　요우
méiyǒu

没有 ~이 없다

❶ ⋯⋯⋯⋯⋯⋯⋯⋯⋯⋯ ❷ ⋯⋯⋯⋯⋯⋯⋯⋯⋯⋯

성조에서 기본 4성 외에 본래의 성조가 변하여 짧고 가볍게 발음해 주는 것을 **경성 轻声 qīngshēng** 이라고 하며, 경성은 표기를 하지 않는다. 다음과 같은 경우에 경성으로 소리가 난다.

① 음이 같거나 뜻이 같은 말이 중복되어 쓰일 경우

마 마
mmāma
妈妈 엄마, 어머니

빠 바
bàba
爸爸 아빠, 아버지

② 뜻이 같은 글자끼리, 또는 반대인 글자끼리 쓰일 경우

펑 요우
péngyou
朋友 친구

똥 시
dōngxi
东西 물건

③ 조사로 쓰이는 경우

하오 마
hǎo ma
好吗? 좋아요?

니 너
Nǐ ne
你呢? 당신은요?

④ 접미사로 쓰이는 경우

워 먼
wǒmen
我们 우리, 우리들

이 즈
yǐzi
椅子 의자

간체자 쓰기

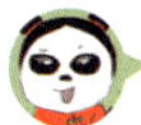

이 과에서 배운 주요 한자를 따라 써 보고 중국어로 읽어 보자.

TRACK 06

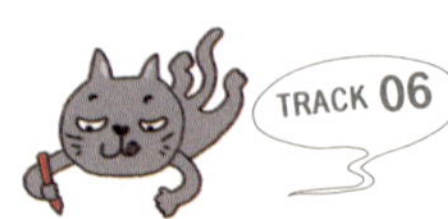

한자	쓰기	읽기
jiā 지아 家 집	家 ❶ ____ ❷ ____ ❸ ____	V □ □ 家 가
yǒu 요우 有 ~이 있다	有 ❶ ____ ❷ ____ ❸ ____	□ □ □ 有 유
jǐ 지 几 몇 의문사	几 ❶ ____ ❷ ____ ❸ ____	□ □ □ 機 기
kǒu 코우 口 ~식구 양사	口 ❶ ____ ❷ ____ ❸ ____	□ □ □ 口 구
hé 허 和 ~와, 그리고	和 ❶ ____ ❷ ____ ❸ ____	□ □ □ 和 화

méiyǒu 메이요우					
没有 ~이 없다				没有	몰유

xiōngdì 슝띠					
兄弟 형제				兄弟	형제

bàba 빠바					
爸爸 아빠, 아버지				爸爸	파파

māma 마마					
妈妈 엄마, 어머니				妈妈	마마

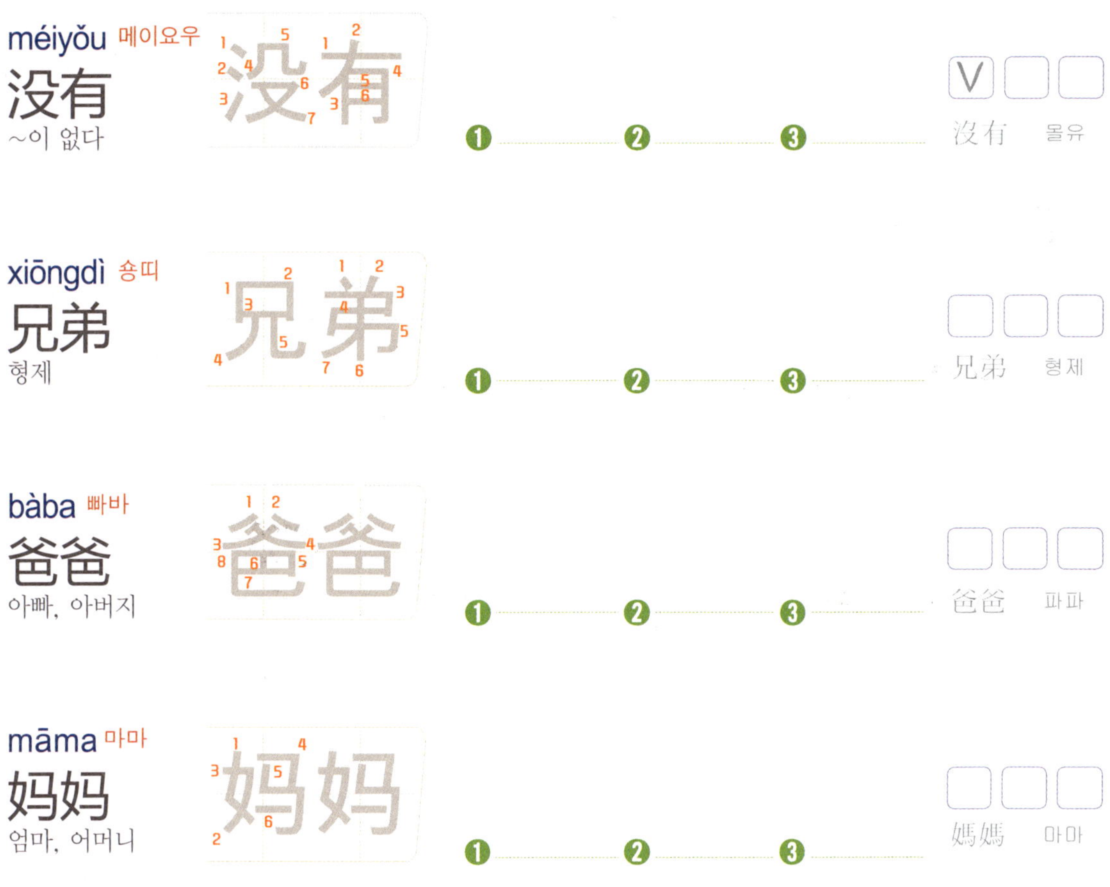

01

니 요우 메이요우 숑띠

你有没有兄弟?　당신은 형제가 있습니까?

Nǐ yǒu méiyǒu xiōngdì

1 有 yǒu 요우 ～이 있다, 没有 méiyǒu 메이요우 ～이 없다

有 yǒu 요우는 영어의 have동사와 비슷한 ～이 있다라는 뜻의 존재나 소유를 나타내는 동사이다. 주어의 인칭이나 단·복수, 시제에 따라서 변하지 않는다. 부정의 뜻을 나타낼 때는 有 앞에 没 méi 메이를 넣어서 没有 méiyǒu 메이요우 ～이 없다라고 한다. 不有라고 하지 않는다는 점을 꼭 기억하자!

워 요우 꺼거

● **我有哥哥。**　나는 형(오빠)이 있습니다.

Wǒ yǒu gēge

타 메이요우 지에지에

● **他没有姐姐。**　그는 누나(언니)가 없습니다.

Tā méiyǒu jiějie

2 有没有~? *yǒu méiyǒu* ~ 요우 메이요우~ ~있습니까?

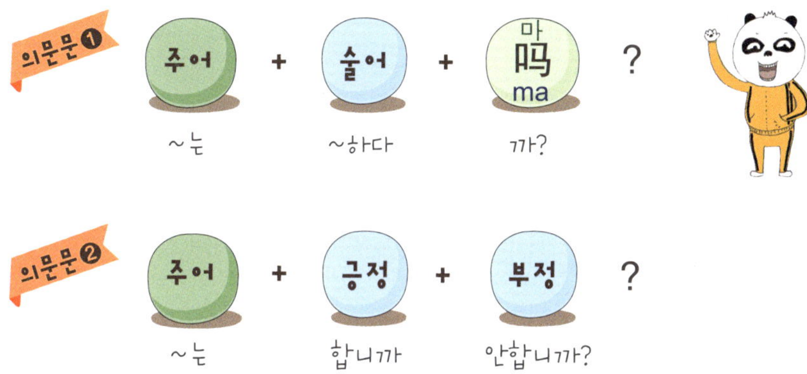

기본적으로 의문문을 만들 때는 앞에서도 여러 번 나온 것처럼 문장 끝에 우리말의 ~까?에 해당하는 **吗** ma 마를 써서 물어볼 수 있다.

또 다른 의문문으로 술어의 긍정형 부정형을 나란히 써서 긍정+부정의 형태인 **반복의문문**으로 물어볼 수도 있다.

니 요우 치쳐 마
- 你有汽车吗?　　=　　你有没有汽车?
  Nǐ yǒu qìchē ma

  니 요우 메이요우 치쳐
  Nǐ yǒu méiyǒu qìchē

  당신은 자동차가 있습니까?

▶▶ 汽车　qìchē　치쳐　　자동차

02 니 지아요우 지 코우 런

你家有几口人? 당신 가족은 몇 명입니까?
Nǐ jiā yǒu jǐ kǒu rén

니	지아	요우	의문사 지	코우	런	
你	家	有	几	口	人	?
Nǐ	jiā	yǒu	jǐ	kǒu	rén	
당신	집은	~있습니까	몇	식구	사람	

---

1 几 jǐ 지 몇

몇, 얼마라는 뜻의 의문사이다. 보통 10이하의 적은 수량을 물을 때 사용한다.

니 지 쒜이
- 你几岁? 너 몇 살이야? ▶▶ 岁 suì 쒜이 ~살, ~세
  Nǐ jǐ suì
  10세 미만의 어린 아이의 나이를 묻는 표현

시앤짜이 지 디앤
- 现在几点? 지금 몇 시입니까? ▶▶ 现在 xiànzài 시앤짜이 현재
  Xiànzài jǐ diǎn ▶▶ 点 diǎn 디앤 ~시時

우리말의 **누구, 언제, 어디, 무엇, 어떻게, 왜**와 같이 물어보고자 하는
부분을 대신해서 묻는 말을 의문사라고 한다.

谁	셰이 쉐이 shéi, shuí	누구, 누가	怎么	쩐머 zěnme	어떻게
哪	나 nǎ	어느, 어떤	为什么	웨이 션머 wèi shénme	왜
什么	션머 shénme	무엇, 무슨	几 多少	jǐ 지 duōshǎo 뚜오샤오	몇, 얼마
哪儿	날 nǎr	어디, 어느 곳	什么时候	션머 스호우 shénme shíhou	언제

2 口 kǒu 코우 ~식구

~식구, ~명이라는 뜻으로 가족의 수를 셀 때 쓰는 양사이다.

양사는 중국어에서 수량을 세는 단위를 나타내는 말이다. 우리말에서
사람이나 사물을 셀 때 **~명, ~개**와 같은 단위를 사용하는 것처럼
중국어에서도 양사를 사용해서 수량을 센다.

03

워 지아요우싼 코우런

我家有三口人。 우리 집은 3식구입니다.
Wǒ jiā yǒu sān kǒu rén

2식구	3식구	4식구
량 코우 런	싼 코우 런	쓰 코우 런
两口人	三口人	四口人
liǎng kǒu rén	sān kǒu rén	sì kǒu rén

수량이 2일 경우, 양사 앞에서는 二 èr 얼을 쓰지 않고 两 liǎng 리양[량]을 써야 해.
중국어에서는 숫자 2의 쓰임이 그때그때 다름에 주의해야 해.

숫자세기 1~10 우리말의 일, 이, 삼, 사…와 같다.

1 一 이 yī	2 二 얼 èr	3 三 싼 sān	4 四 쓰 sì	5 五 우 wǔ

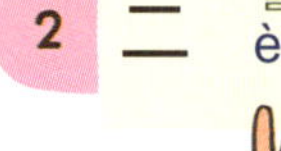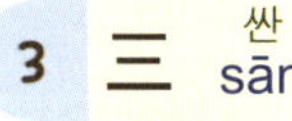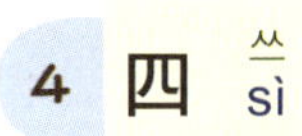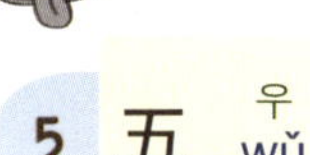
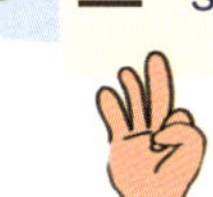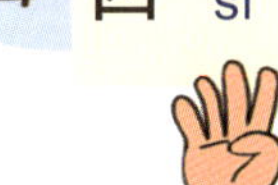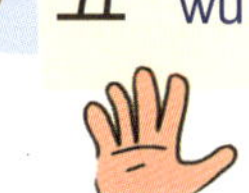

6 六 리요우 liù	7 七 치 qī	8 八 빠 bā	9 九 지요우 jiǔ	10 十 스 shí

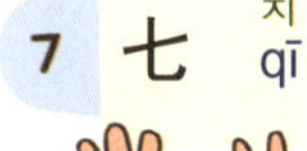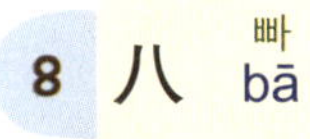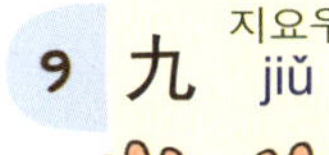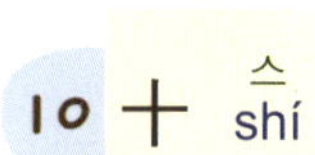
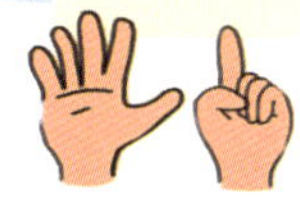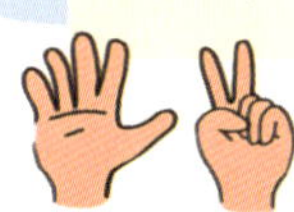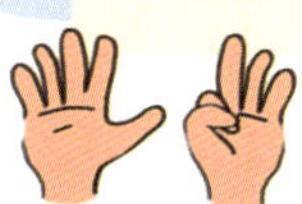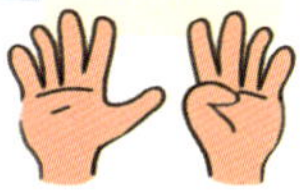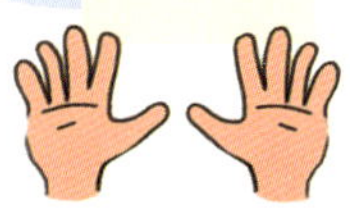

빠바　마마 허 워
爸爸、妈妈和我
bàba　māma hé wǒ

아빠, 엄마 그리고 나

和 hé 허는 ~와(과), 그리고라는 뜻의 단어들을 나열할 때 쓰는 접속사이다. 셋 이상의 단어를 나열할 경우에는 제일 끝에 있는 단어 앞에만 한 번 써주고 다른 단어들 사이에는 모점 、을 붙여주면 된다.

빠바　마마　꺼거 허 워
- 爸爸、妈妈、哥哥和我
bàba　māma　gēge hé wǒ

아빠, 엄마, 오빠 그리고 나

슈　티빠오 허 쇼우지
- 书、提包和手机
shū　tíbāo hé shǒujī

책, 가방 그리고 핸드폰

▶▶ 书　shū　슈　책
▶▶ 提包　tíbāo　티빠오　가방
▶▶ 手机　shǒujī　쇼우지　핸드폰

여행갈 때는 책, 가방, 핸드폰, 여권, 지갑....
잘 챙겨가~

기본적으로 가족관계를 나타내는 말이다. 부를 때는 우리나라와 마찬가지로 나보다 윗사람에는 호칭을 사용하고 나보다 아랫사람에게는 보통 이름을 부른다.

우리 가족

TRACK 06

예예
爷爷 할아버지
yéye

나이나이
奶奶 할머니
nǎinai

와이꽁
外公 외할아버지
wàigōng

와이포
外婆 외할머니
wàipó

빠바
爸爸 아빠, 아버지
bàba

마마
妈妈 엄마, 어머니
māma

짱푸
丈夫 남편
zhàngfu

치즈
妻子 아내
qīzi

꺼거
哥哥 형, 오빠
gēge

지에지에
姐姐 언니, 누나
jiějie

띠디
弟弟 남동생
dìdi

메이메이
妹妹 여동생
mèimei

하이즈
孩子 아이
háizi

얼즈
儿子 아들
érzi

뉘얼
女儿 딸
nǚ'ér

1. 아래 빈칸을 채우고 1~10까지 숫자를 세어 보세요.

2. 아래 빈칸에 공통으로 들어갈 알맞은 말을 써 보세요.

3. <보기>에 주어진 단어들을 잘 배열하여 문장을 완성하세요.

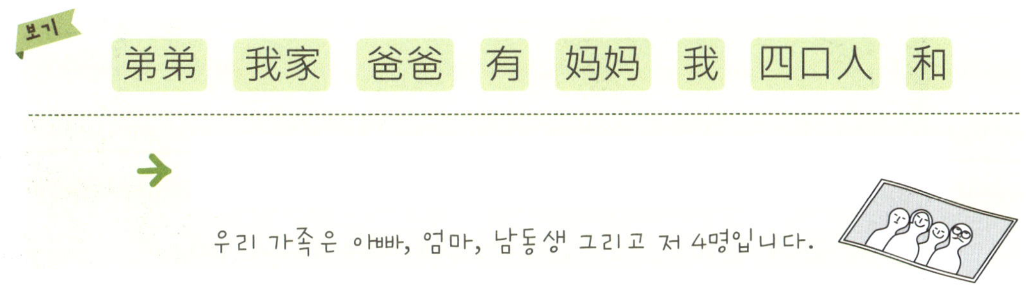

정답
1. 二, 四, 六, 八, 十, yī, sān, wǔ, qī, jiǔ 2. 没有 실명 긍정+부정의 의문문, 有의 부정형은 没有 méiyǒu
3. 我家有四口人, 爸爸、妈妈、弟弟我和。 실명 단어 나열할 때 맨 끝에 접속사 和 hé, 단어 사이 모점(、)

07 중국의 숫자

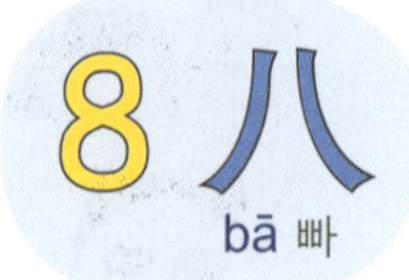

2008년 베이징 올림픽 개막식은 8월 8일 8시 8분에 거행되었다. 왜냐하면 중국인이 가장 좋아하는 숫자가 바로 8이기 때문이다.

숫자 8 八 bā 빠 가 돈을 벌다라는 뜻의 发财 fācái 파차이 의 发 fā 파 와 발음이 비슷해서 중국인들은 8을 행운의 의미로 여긴다.

9 九
jiǔ 지요우

숫자 9 九 jiǔ 지요우 역시 **오래, 영원히, 장수하다** 라는 뜻의 久 jiǔ 지요우와 발음이 같아서 좋아한다.

6 六
liù 리요우

순조롭다는 뜻의 流 liú 리요우와 발음이 비슷한 숫자 6 六 liù 리요우도 중국인들이 좋아하는 숫자이다.

2 二
èr 얼

하나는 불안하고 둘은 짝을 이뤄 안정감이 있다고 생각해서 홀수 보다는 짝수를 좋아한다. 따라서 숫자 2 二 èr 얼은 짝을 이루고 서로 화합한다고 여겨 선호하는 숫자이다.

우리나라에서도 기피하는 숫자 중의 하나인 숫자 4 四 sì 쓰 이다. **죽다**라는 뜻의 **死** sǐ 쓰 와 발음이 비슷해서 불길한 숫자로 여긴다.

우리나라에서는 lucky 7 럭키 세븐이라고 하여 인기 있는 숫자 중 하나인 숫자 7 七 qī 치가 중국에서는 **화를 내다**는 뜻의 **生气** shēngqì 셩치의 **气** qì 치와 발음이 비슷해 화를 부른다고 여기며 별로 좋아하지 않는다.

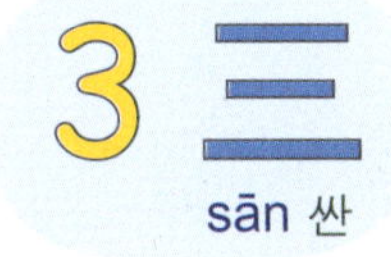

숫자 3 三 sān 싼은 **흩어지다**라는 뜻의 **散** sàn 싼 과 발음이 비슷해 연인이랑 헤어지거나 재물이 흩어진다고 여겨 기피하는 숫자이다.

TRACK 07

일단 듣기 ●●● ▶ 체크업!! ●●● ▶ 말하기 ●●●

시앤짜이 지 디앤
现在 几 点?　　　　　　　지금 몇 시입니까?
Xiànzài jǐ diǎn

시앤짜이 스얼디앤 이커　 선머 스호우 츠 우판
现在 十二点 一刻。 什么时候 吃 午饭?
Xiànzài shí'èr diǎn yíkè. Shénme shíhou chī wǔfàn

지금 12시 15분입니다.　　　　언제 점심 먹습니까?

워먼 시앤짜이 취 츠판 하오 마
我们 现在 去 吃饭, 好吗?
Wǒmen xiànzài qù chīfàn, hǎo ma

우리 지금 먹으러 가는 것이 어때요?

하오
好。　　　　　　　　　　좋아요.
Hǎo

지 디앤 시아빤
几 点 下班?　　　　　　 몇 시에 퇴근합니까?
Jǐ diǎn xiàbān

리요우 디앤 빤 시아 빤
六点 半 下班。　　　　　6시 30분에 퇴근합니다.
Liù diǎn bàn xiàbān

✔ 대화 내용의 구문 및 문법 핵심을 알아두자!

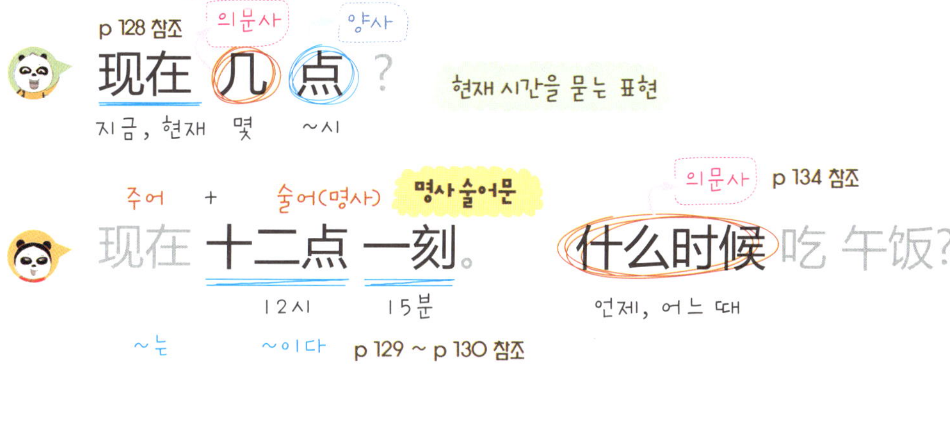

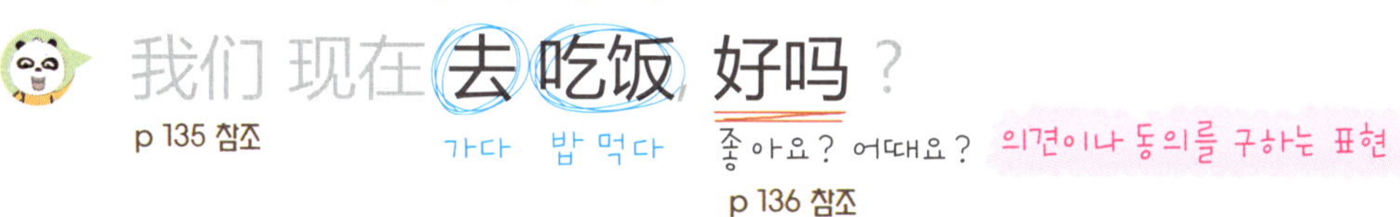

好。

한어병음 발음연습

TRACK 07

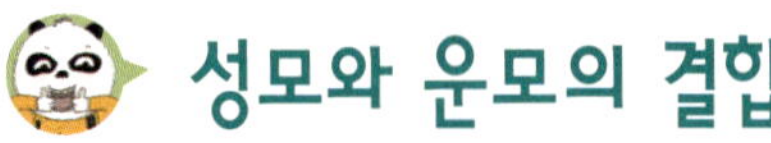

성모와 운모의 결합

성모와 운모가 만나고 성조가 더해져 하나의 소리를 낸다.

bān 빤
班 ~반, 근무

bàn 빤
半 반, 절반

뽀(ㅂ,ㅃ) b + 안 an

❶ bān ❷ .... ❸ ....

❶ bàn ❷ .... ❸ ....

발음이 ban으로 같더라도 성조에 따라 뜻이 다르다.

yī 이
一 하나, 1

이 i → yi

❶ yī ❷ .... ❸ ....

i 이가 단독으로 음절을 구성할 때는 yi로 표기한다.

xià 시아
下 아래

시(ㅅ,ㅆ) x + 이아[야] ia

❶ xià ❷ .... ❸ ....

이안이라고 발음하지 않고 이앤과 같이 발음

diǎn 디앤
点 ~시 양사

떠(ㄷ,ㄸ) d + 이앤 ian

❶ diǎn ❷ .... ❸ ....

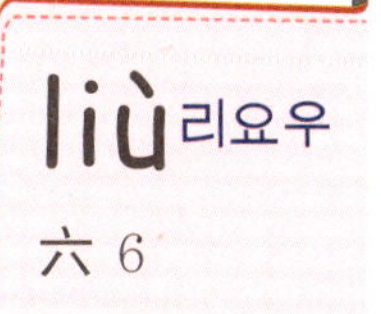

iou는 앞에 성모가 오면 가운데 o가 없어지고 −iu라고 쓴다.

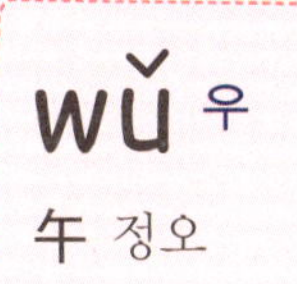

u우 가 단독으로 음절을 구성할 때는 wu로 표기한다.

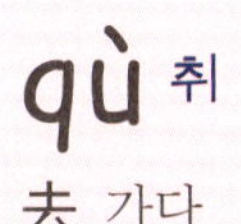

ü위 로 시작하는 운모는 앞에 성모 j, q, x가 오면 ü 위의 두 점을 생략해서 쓴다.

우리가 중국어를 병음만 보고 읽을 때 자주 틀리는 발음 중 하나야.
j, q, x 다음에는 u 운모가 오지 않아. 그 때 u는 ü 위의 두 점이 생략된 것으로 알고
발음할때 꼭 ü 위라고 해야해.

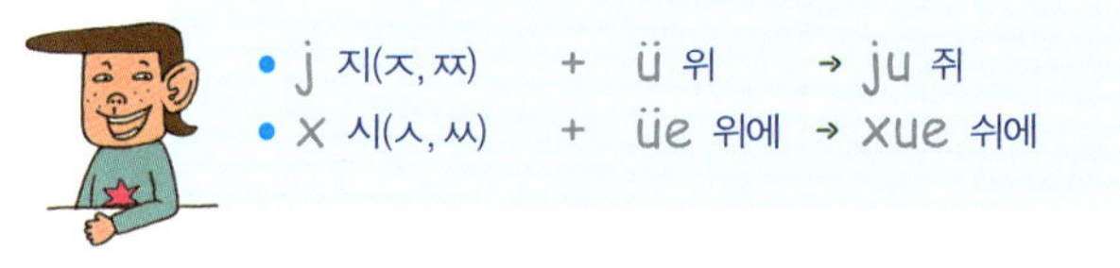

2성+경성	스　호우 **shíhou** 时候 때, 시각
3성+4성	우　판 **wǔfàn** 午饭 점심(식사)
4성+1성	시아　빤 **xiàbān** 下班 퇴근하다
4성+4성	시앤　짜이 **xiànzài** 现在 지금, 현재
격음부호	스　얼 **shí'èr** 十二 12, 열둘

a, e, o 로 시작되는 음절이 다른 음절의 뒤에 올 때는 두 음절의 구분을
확실히 하기 위해서 그 사이에 격음부호 ' 를 쓴다.

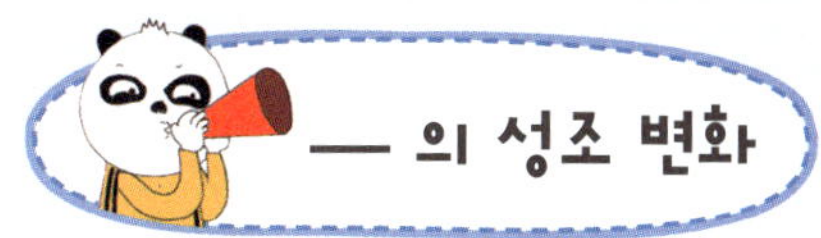

1️⃣ 一 yī 는 원래 1성이지만 뒤에 4성이나 4성이 변한 경성이 올 경우, 2성으로 변한다.

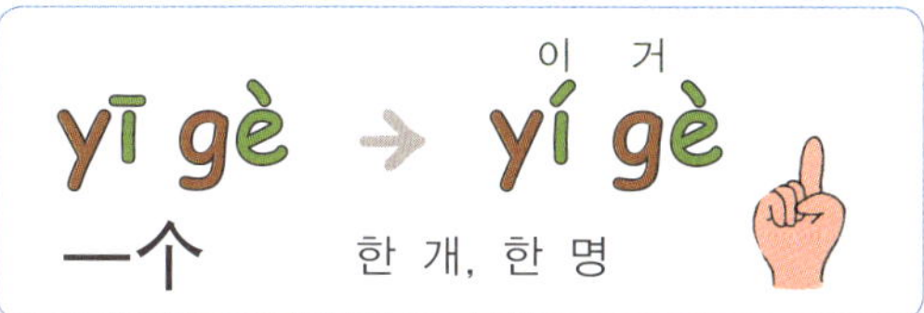

2️⃣ 뒤에 1·2·3성이 올 경우, 4성으로 변한다.

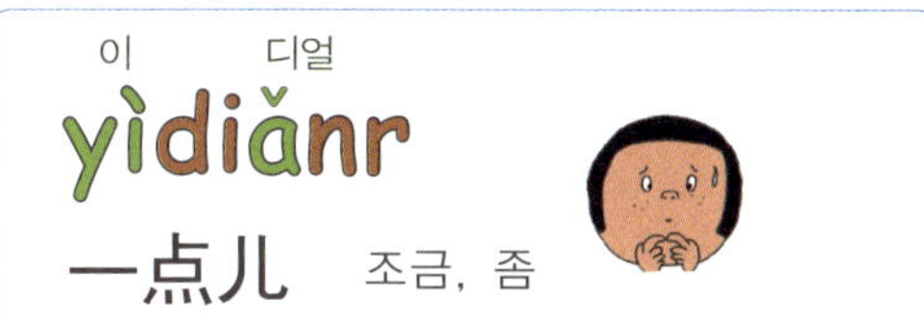

3️⃣ 서수로 쓰일 때는 그대로 1성으로 발음한다.

 이 과에서 배운 주요 한자를 따라 써 보고 중국어로 읽어 보자.

한자	쓰기	읽기

diǎn 디앤
点
~시
❶ ┈┈ ❷ ┈┈ ❸
點 점

kè 커
刻
15분
❶ ┈┈ ❷ ┈┈ ❸
刻 각

qù 취
去
가다
❶ ┈┈ ❷ ┈┈ ❸
去 거

bàn 빤
半
반, 절반
❶ ┈┈ ❷ ┈┈ ❸
半 반

xiànzài 시앤짜이
现在
지금, 현재

현在

① ② ③

现在　현재

---

shíhou 스호우
时候
때, 시각

时候

① ② ③

時候　시후

---

wǔfàn 우판
午饭
점심(식사)

午饭

① ② ③

午飯　오반

---

xiàbān 시아빤
下班
퇴근하다

下班

① ② ③

下班　하반

01

시앤짜이 지 디앤

现在几点? 지금 몇 시입니까?
Xiànzài jǐ diǎn

1 现在几点? Xiànzài jǐ diǎn 시앤짜이 지 디앤 **지금 몇 시입니까?**은 현재 시각을 물어보는 표현이다. **몇, 얼마**라는 뜻의 의문사 几 jǐ 지를 ~시를 나타낼 때 쓰는 양사 点 diǎn 디앤 앞에 붙여서 **몇 시?**라고 물어보면 된다.

지 디앤 치촹

• 几点起床? 몇 시에 일어나요?
Jǐ diǎn qǐchuáng

지 디앤 훼이지아

• 几点回家? 몇 시에 집에 돌아옵니까?
Jǐ diǎn huíjiā

▶▶ 起床 qǐchuáng 치촹 일어나다, 기상하다
▶▶ 回家 huíjiā 훼이지아 집에 돌아오다, 귀가하다

2 명사 술어문

중국어에서는 동사 是 shì 스 없이도 명사가 술어처럼 **~이다**라는 뜻으로 쓰일 수 있는데, 이처럼 명사가 술어로 쓰인 문장을 **명사 술어문**이라고 한다. 주로 시간, 날짜, 요일, 나이, 가격, 날씨 등을 나타내는 문장에 많이 쓰인다. 그러나 부정문에서는 부정의 뜻을 나타내는 **不是** búshì 를 꼭 넣어야 한다.

02

시앤짜이 스얼 디앤 이 커

现在十二点一刻。

Xiànzài shí'èr diǎn yí kè

지금은 12시 15분입니다.

1 시간 말하기

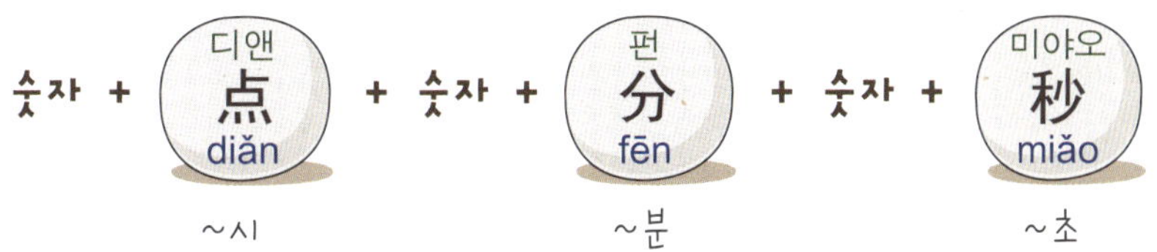

중국어로 시간을 읽을 때는 간단하게 우리말처럼 **~시 ~분**으로 말한다. 해당 숫자 뒤에 우리말의 **시**에 해당하는 **点** diǎn 디앤, **분**에 해당하는 **分** fēn 펀을 붙여 읽고 초를 읽을 때도 마찬가지로 숫자 뒤에 **초**에 해당하는 **秒** miǎo 미아오를 붙여 읽으면 된다.

이 디앤 링 우 펀

一点零五分

yì diǎn líng wǔ fēn

1시 5분

량 디앤 스 펀

两点十分

liǎng diǎn shí fēn

2시 10분

숫자 가운데 **0**이 들어가면 0을 꼭 **零** líng 링이라고 읽어줘.
숫자 **2**는 양사 앞에서는 **两** liǎng 량이라고 해.

2 15분, 30분, 45분

우리말에서도 30분을 **반**이라고 말하는 것처럼 중국어에서도 **반, 절반**을 의미하는 **수사** 半 bàn 빤을 써서 말할 수도 있다.

15분을 읽을 때는 **양사** 刻 kè 커를 써서 15분 一刻 yí kè 이 커, 45분 三刻 sān kè 싼 커 등으로 표현할 수 있다.

싼 디앤 스우 펀
三点十五分
sān diǎn shíwǔ fēn
싼 디앤 이 커
三点一刻
sān diǎn yí kè

3시 15분

쓰 디앤 싼스 펀
四点三十分
sì diǎn sānshí fēn
쓰 디앤 빤
四点半
sì diǎn bàn

4시 30분

우 디앤 쓰스우 펀
五点四十五分
wǔ diǎn sìshíwǔ fēn
우 디앤 싼 커
五点三刻
wǔ diǎn sān kè

5시 45분

3 ~분 전

우리말에서 6시 50분을 7시 10분 전이라고 말하는 것처럼 중국어에서도 **부족하다**라는 뜻의 **동사** 差 chà 챠를 이용해서 표현할 수 있다.

리요우 디앤 우스 펀
六点五十分
liù diǎn wǔshí fēn

6시 50분
7시 10분 전

챠 스펀 치 디앤
差十分七点
chà shí fēn qī diǎn

치 디앤 우스우 펀
七点五十五分
qī diǎn wǔshíwǔ fēn

7시 55분
8시 5분 전

챠 우 펀 빠 디앤
差五分八点
chà wǔ fēn bā diǎn

15 샹우
上午　오전
shàngwǔ

16 쫑우
中午　정오
zhōngwǔ

17 시아우
下午　오후
xiàwǔ

12 스얼 디앤
十二点
shí'èrdiǎn
| 12 |

11 스이 디앤
十一点
shíyī diǎn
| 11 |

1 이 디앤
| 1 |
一点
yī diǎn

10 스 디앤
十点
shí diǎn
| 10 |

14
一个小时
yí gè xiǎoshí
1시간 동안

2 량 디앤
| 2 |
两点
liǎng diǎn

9 지요우 디앤
| 9 |
九点
jiǔ diǎn

13
三十分钟
sānshí fēnzhōng
30분 동안

3 싼 디앤
| 3 |
三点
sān diǎn

8 빠 디앤
| 8 |
八点
bā diǎn

4 쓰 디앤
| 4 |
四点
sì diǎn

7 치 디앤
| 7 |
七点
qī diǎn

5 우 디앤
| 5 |
五点
wǔ diǎn

6 리요우 디앤
| 6 |
六点
liù diǎn

18 짜오샹
早上　아침
zǎoshang

19 완샹
晚上　저녁
wǎnshang

앞의 6과에서 배운 1~10까지의 숫자를 다시 한 번 복습하고 그 다음 숫자에 도전해보자!

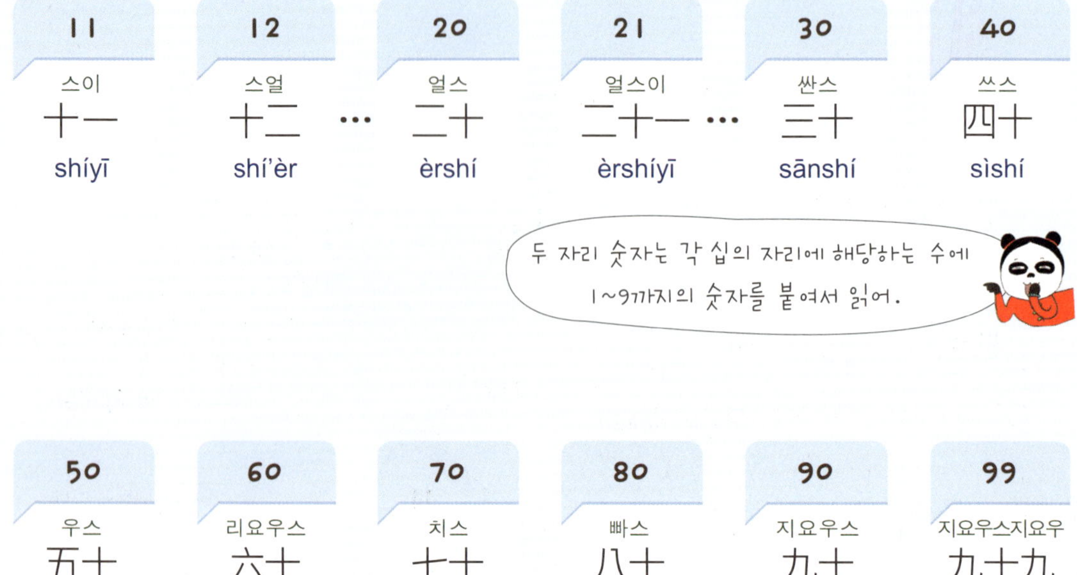

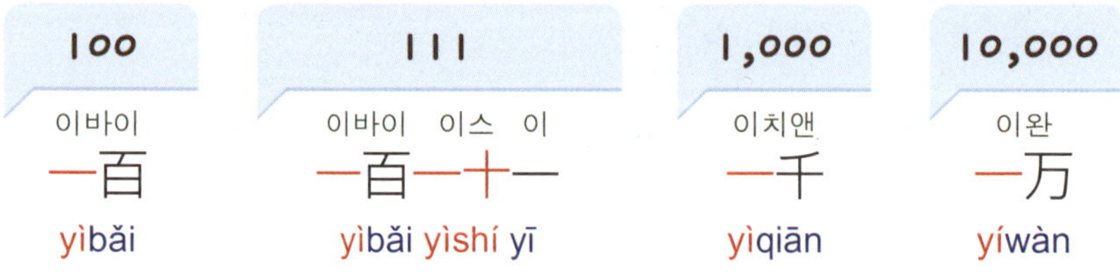

① 백, 천, 만 단위의 숫자가 1일 경우, 반드시 숫자 一 yī 이를 붙여서 읽어준다.

② 세 자리 수 이상에서 십의 자리의 숫자가 1일 경우에도 一十 yìshí 이스이라고 읽어준다.

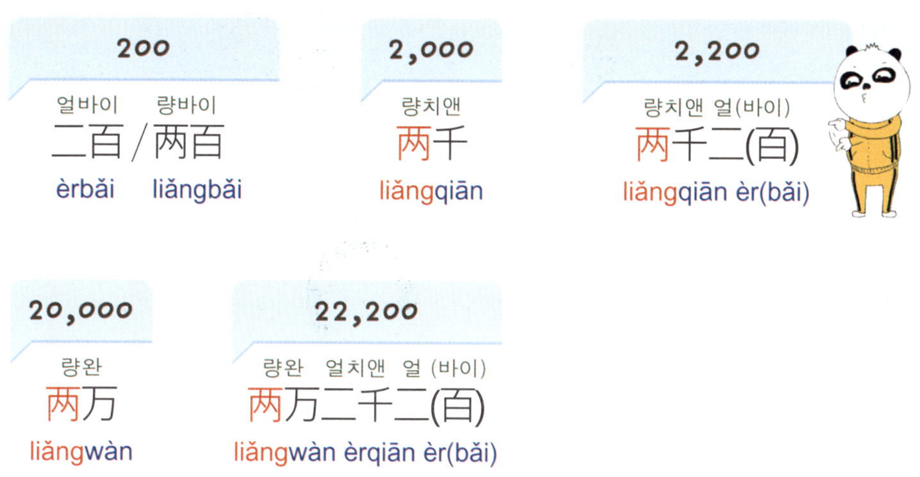

1 백 단위의 숫자가 2일 경우, 两百 liǎngbǎi 량바이 또는 二百 èrbǎi 얼바이 모두 쓸 수 있다.

2 천, 만 단위의 숫자가 2일 경우, 주로 两 liǎng 량을 쓴다.

3 2가 여러 개 중복해서 나올 때는 맨 앞의 것만 两으로 읽는 것이 일반적이다.

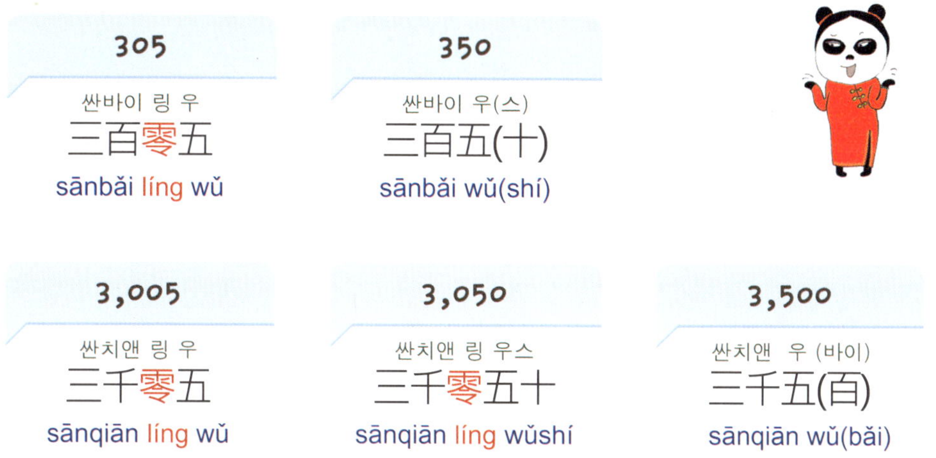

1 숫자 사이에 0이 있을 경우, 0을 零 líng 링이라고 꼭 읽어주며, 여러 개라도 한번만 읽어준다.

2 맨 끝에 0이 올 경우, 그것은 읽지 않아도 된다. 여러 개 연속해서 나오더라도 마찬가지이다.

3 0이 뒤섞여 나올 경우, 중간의 0은 零 líng 링이라고 읽고, 맨 끝에 나오는 0은 그 자리수에 해당하는 단위를 읽어주어야 한다.

03

션머　스호우
什么时候 언제, 어느 때
Shénme shíhou

언제, 어느 때라는 뜻의 의문사로 영어의 when에 해당한다. 우리말 순서처럼 묻고자 하는 부분에 놓으면 되고 의문사가 들어가는 의문문이므로 문장 끝에 **吗**는 쓰지 않는다.

● 션머　스호우　치촹
什么时候起床?　　　　　언제 일어나요?
Shénme shíhou qǐchuáng

● 션머　스호우　훼이지아
什么时候回家?　　　　　언제 집에 돌아옵니까?
Shénme shíhou huíjiā

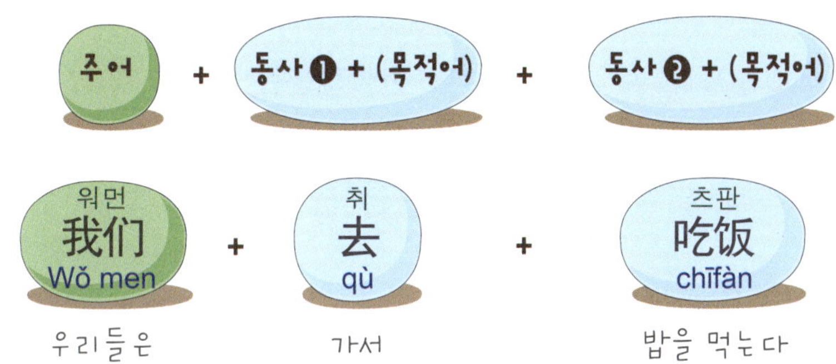

중국어에서는 2개 이상의 동사나 동사구를 어떠한 동사의 변화도 없이 그대로 하나의 주어 아래 함께 쓸 수 있다. 동사를 배열하는 순서는 시간의 흐름에 따라 먼저 일어나는 순서대로 쓴다.

워 취 칸 띠앤잉
- 我去看电影。 나는 영화 보러 갑니다.
  Wǒ qù kàn diànyǐng

  ▶▶ 看 kàn 칸 보다
  ▶▶ 电影 diànyǐng 띠앤잉 영화

헌 뚜오 한궈 쉬에셩 라이 쫑궈 쉬에시
- 很多韩国学生来中国学习。 많은 한국 학생들이 중국에 와서 공부합니다.
  Hěn duō Hánguó xuésheng lái Zhōngguó xuéxí

  ▶▶ 多 duō 뚜오 많다
  ▶▶ 学生 xuésheng 쉬에셩 학생
  ▶▶ 来 lái 라이 오다
  ▶▶ 学习 xuéxí 쉬에시 배우다, 공부하다

05

하오마

好吗? ~하는 게 어때요?, ~좋아요?

hǎo ma

문장 끝에 써서 ~하는 게 좋아요? 괜찮아요?라는 뜻으로 자신의 의견을 말한 후, 상대방의 의향을 물을 때 쓰는 표현이다. **반복의문문**인 **好不好?** hǎo bu hǎo 하오 뿌 하오 로 바꿔 쓸 수도 있다.

동의할 때는 **好。** hǎo 하오 **좋아요.**라고 대답하면 된다.

워먼　완샹　치 디앤 찌앤미앤 하오 마
* **我们晚上七点见面, 好吗?**
  Wǒmen wǎnshang qī diǎn jiànmiàn hǎo ma

  우리 저녁 7시에 만나는 게 어때요?

  하오
  ⋯▶ **好。** 좋아요.
  　　Hǎo

▶▶ **见面** jiànmiàn 찌앤미앤 만나다

1. 다음 〈보기〉에 해당하는 시간을 고르세요.

差一刻六点 chà yí kè liù diǎn

① 5:15　② 5:45　③ 6:15　④ 6:45

2. 아래 대화의 그림을 보고 빈칸에 들어갈 알맞은 문장을 고르세요.

A： 你几点起床? Nǐ jǐ diǎn qǐchuáng

B： 　　　　　　　　　。

① 我七点起床。　Wǒ qī diǎn qǐchuáng

② 我八点起床。　Wǒ bā diǎn qǐchuáng

③ 我九点起床。　Wǒ jiǔ diǎn qǐchuáng

3. 〈보기〉의 숫자를 알맞게 읽어 보세요.

① 两千两十二　liǎngqiān liǎngshí'èr

② 两千二十二　liǎngqiān èrshí'èr

③ 两千零二十二　liǎngqiān líng èrshí'èr

정답 **1.** ② 설명 差一刻 chà yí kè 15분 전　**2.** ②　**3.** ③ 설명 20: 二十 èrshí, 200: 两百 liǎngbǎi 또는 二百 èrbǎi, 2000: 两千 liǎngqiān 가운데 단위가 0일 경우, 0을 零 líng 링 이라고 꼭 읽어준다.

08 중국의 주요 명절

중국의 주요 명절은 춘절(설날)과 청명절, 단오절, 중추절(추석) 등이며 이 명절들은 법정 공휴일로서 짧게는 3일에서 7일까지 쉰다. 중국의 명절은 우리나라의 명절과 비슷한 점도 있지만 명절 음식과 풍습, 휴일여부 등 많은 차이점이 있다.

1. 春节 Chūnjié 춘지에 춘절

음력 1월 1일, 중국 최대의 명절이며 한국의 설날 연휴와 같다. 설을 전후로 해서 입춘이 시작되기 때문에 중국인들은 설을 **봄이 오는 절기**라는 뜻에서 **春节 Chūnjié 춘지에**라고 부른다.

복이 들어오라는 의미로 붉은 색 종이에 복(福)자를 거꾸로 써서 문이나 창문에 붙이는데, **복을 거꾸로 하다**의 倒福 dào fú 따오 푸와 **복이 오다**의 到福 dào fú 따오 푸가 발음이 비슷해서 둘을 합성하여 **복을 거꾸로 붙이면 복이 들어온다**라고 믿는데서 유래했다.

춘절 전날 밤인 섣달 그믐밤, 즉 **除夕** chúxī 추시에는 온 가족이 함께 모여 한 해를 마무리하고 다가올 새해를 기원하며 밤을 지새우는데 이것을 **밤을 지킨다**라는 뜻으로 **守岁** shǒusuì 쇼우쒜이라 한다.
밤 12시가 되면 액운을 막는다는 뜻으로 집집마다 요란한 폭죽을 터뜨리며 새해를 맞는다.

아침에는 우리가 떡국을 먹는 것처럼 북방 사람들은 주로 **饺子** jiǎozi **지야오즈**라는 물만두를 먹는다. 饺子가 묵은해에서 새해로 바뀌는 교차점을 뜻하는 **交子** jiāozi 지야오즈라는 단어와 발음이 같기 때문이다. 남방 사람들은 중국식 떡 요리인 **年糕** niángāo 니앤까오와 **汤圆** tāngyuán 탕위앤을 먹는다.
아침 식사 후에는 친지나 이웃을 방문하여 새해 인사를 하고, 어른들은 아이들에게 **세뱃돈**인 **压岁钱** yāsuìqián 야쒜이치앤을 빨간 봉투에 담아 챙겨주기도 한다.

饅頭 만두 – 만두피 속에 야채와 고기 등의 소를 넣고 빚은 음식

馒头 찐빵 – 안에 소를 넣지 않은 찐빵, 꽃빵

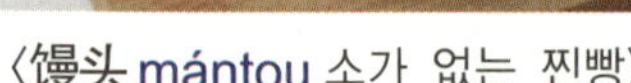

〈馒头 mántou 소가 없는 찐빵〉

〈包子 bāozi 소가 들어있는 찐빵〉

〈饺子 jiǎozi 만두, 교자〉

우리가 만두를 교자라고도 부르는데, 이 **교자 饺子** jiǎozi 지야오즈가 바로 중국의 만두이다. 중국에서도 **만두 馒头** mántou 만토우라는 말이 있는데, 우리나라에서 말하는 만두가 아니라 **소가 없는 찐빵**을 뜻한다.

소가 들어 있는 만두를 중국에서는 **包子** bāozi 빠오즈, **饺子** jiǎozi 지야오즈라고 부르는데, 보통 찜통에 찌는 것을 **包子**, 물에 대쳐내는 것을 **饺子** 라고 부른다.

4월 4일에서 4월 6일 경으로, 24절기 중 하나인 **청명절**이 중국에서는 중요한 명절 중 하나이며 3일간 연휴로 쉰다. 한식이나 우리의 식목일(4월 5일)과는 날짜가 하루 전날이거나 겹치는 경우도 있다.

이날에는 조상의 묘를 찾아가서 성묘하고 종이돈을 태우거나 푸른 풀을 밟으러 교외로 소풍을 나가기도 하고 문에 버들을 꽂으며 평안과 안녕을 기원하는 등 다양한 풍습이 있다.

〈烧纸 shāozhǐ 종이돈 태우기〉　　　　〈青团 qīngtuán 칭투안〉

청명절에 먹는 음식은 지역마다 다르지만 대표적인 음식으로 **青团 qīngtuán 칭투안** 이라고 하는 푸른색의 떡을 먹는데, 연맥초, 이것은 쑥 같은 풀의 즙과 찹쌀을 섞어서 반죽한 다음 팥고물 또는 대추를 으깬 소를 넣고 빚어서 쪄 먹는 떡이다.

음력 5월 5일은 端午节 Duānwǔjié 뚜안우지에로 부르는 **단오절**이다.
굴원의 고사에서 유래되었는데, 이날에는 굴원의 넋을 기리기 위해 우리의
약밥과 비슷한 粽子 zòngzi **쫑즈**를 먹고 龙舟 lóngzhōu **롱쪼우** 경기를 즐긴다.
粽子는 찹쌀에 돼지고기나 대추, 콩 등의 소를 넣어 갈잎 또는 대나무 잎으로
감싼 뒤 쪄낸 전통 음식이다.
龙舟 경기는 용 모양의 배를 타고 노를 젓는 운동 경기이다. 현재는 축제에서
빼놓을 수 없는 중요한 행사가 되었고, 특히 광저우 广州 Guǎngzhōu 나 홍콩
등지에서는 국가 체육시합의 하나로 지정되어 있다.

〈粽子 zòngzi 쫑즈〉

〈龙舟 lóngzhōu 롱쪼우〉

음력 8월 15일로, 우리나라의 추석에 해당하는 **중추절**은 2008년 공휴일로 지정된 이래 춘절 다음가는 중요한 전통 명절로 자리 잡고 있다.

우리처럼 둥근 보름달을 감상하며 가족의 안녕과 행복을 기원하며 소원을 비는 풍습이 있는데, 이것을 赏月 shǎngyuè **샹위에**라고 한다.

우리가 추석 때 송편을 먹는 것처럼 중국 사람들은 밀가루, 기름, 설탕 등으로 만든 피에 달걀노른자, 과일 등의 소가 들어간 둥글납작하게 생긴 과자인 **月饼** yuèbing **위에삥**을 먹는다.

〈月饼 yuèbing 위에삥〉

일단 듣기 ● ● ● 체크업!! ● ● ● 말하기 ● ● ●

진티앤　지　위에　지　하오
今天 几 月 几 号?
Jīntiān jǐ yuè jǐ hào

오늘은 몇 월 며칠입니까?

진티앤　이위에　얼스이　하오
今天 一月 二十一 号。
Jīntiān yīyuè èrshíyī hào

오늘은 1월 21일입니다.

밍티앤　(스)　씽치　지
明天 （是） 星期 几?
Míngtiān (shì) xīngqī jǐ

내일은 무슨 요일입니까?

씽치티앤。　춘지에 콰이 야오 따오 러
星期天。 春节 快要 到 了!
Xīngqītiān. Chūnjié kuàiyào dào le

일요일입니다. 곧 춘절이 다가옵니다.

춘지에 스 쫑궈 더 촨통 지에르
春节 是 中国 的 传统 节日。
Chūnjié shì Zhōngguó de chuántǒng jiérì

춘절은 중국의 전통 명절입니다.

✔ 대화 내용의 구문 및 문법 핵심을 알아두자!

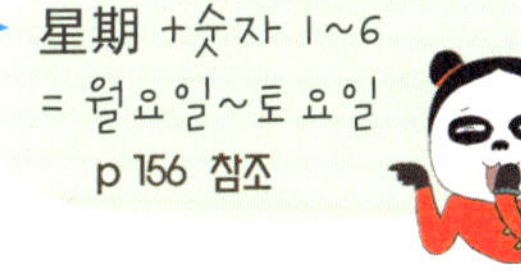

성모와 운모의 결합

성모와 운모가 만나고 성조가 더해져 하나의 소리를 낸다.

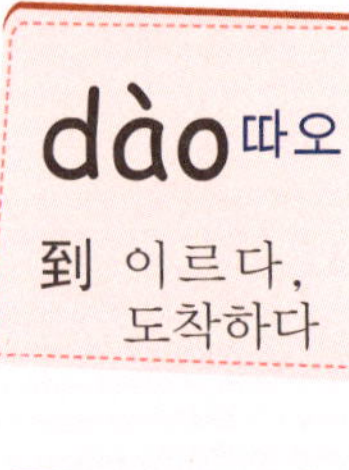

dào 따오
到 이르다,
도착하다

성모 + **ao** 아오

dào ❶ ❷ ❸

hào 하오
号 ~일, 번호

hào ❶ ❷ ❸

jīn 진
今 현재, 지금

지(ㅈ, ㅉ) 인
j + **in**

jīn ❶ ❷ ❸

i에 성조부호를 표기할 때는 i 위의 점을 없애고 표기한다.

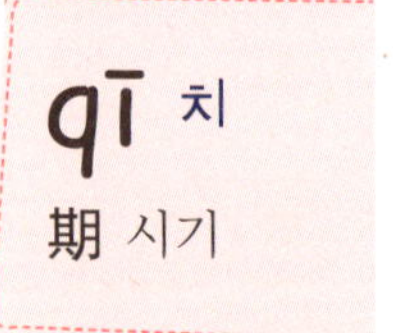

qī 치
期 시기

치(ㅊ) 이
q + **i**

qī ❶ ❷ ❸

설면음 • **j** 지, **q** 치, **x** 시

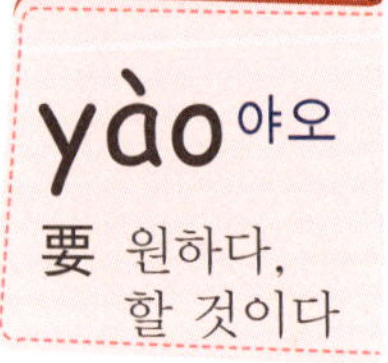

yào 야오
要 원하다,
할 것이다

이아오[야오]
iao → **yao**

yào ❶ ❷ ❸

i 이 로 시작하는 운모는 앞에 성모가 오지 않고 혼자 쓰일 때, i를 yi로 바꾸어 표기한다.

rì 르
日 일, 날

르 r + 음가없음 i

❶ rì ❷ ❸

r는 권설음으로 영어의 r을 발음할 때처럼 혀끝을 말아서 르라고 발음한다. r가 다른 운모와 결합 없이 혼자 쓰일 때는 뒤에 음가 없는 i를 붙여 준다.

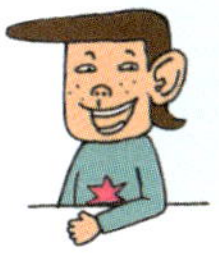

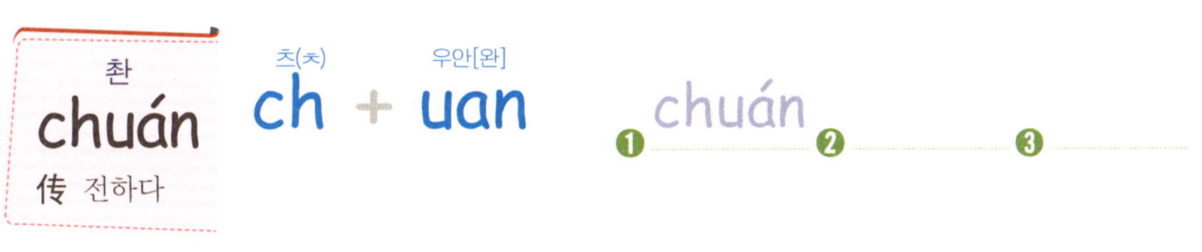

권설음

- zh즈 → zhi
- sh스 → shi
- ch츠 → chi
- r르 → ri

tiān 티앤
天 하루, 날

터(ㅌ) t + 이앤 ian

❶ tiān ❷ ❸

tǒng 통
统 계통

터(ㅌ) t + 옹 ong

❶ tǒng ❷ ❸

kuài 콰이
快 빠르다

커[ㅋ] k + 우아이[와이] uai

❶ kuài ❷ ❸

촨
chuán
传 전하다

츠(ㅊ) ch + 우안[완] uan

❶ chuán ❷ ❸

성모와 운모의 결합

성모와 운모가 만나고 성조가 더해져 하나의 소리를 낸다.

chūn 춘
春 봄

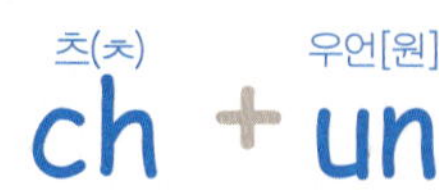
ch(츠) + un(우언[원])

① chūn ② ③

uen 원 는 앞에 성모가 오면 가운데 e가 없어지고 −un 이라고 쓴다.
uei 웨이도 마찬가지이다.

· ch(츠) + uei(웨이) → chui(췌이)

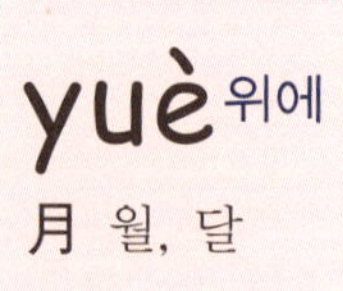
yuè 위에
月 월, 달

üe → yue(위에)

① yuè ② ③

ü 위로 시작하는 운모는 앞에 성모가 오지 않고 혼자 쓰일 때, ü를 yu로 바꾸어 표기한다.

성조연습

1성+1성

진 티앤
jīntiān
今天 오늘

① ②

씽 치
xīngqī
星期 주(週)

① ②

1성+2성
춴 지에
Chūnjié
春节 춘절, 설
❶ ❷

2성+1성
밍 티앤
míngtiān
明天 내일
❶ ❷

2성+3성
촨 통
chuántǒng
传统 전통
❶ ❷

2성+4성
지에 르
jiérì
节日 기념일, 명절
❶ ❷

3음절 단어
씽 치 티앤
xīngqītiān
星期天 일요일
❶ ❷

 이 과에서 배운 주요 한자를 따라 써 보고 중국어로 읽어 보자.

한자	쓰기	읽기

yuè 위에
月
월, 달
月 ❶ ──── ❷ ──── ❸ ☑ ☐ ☐   月 월

hào 하오
号
~일, 번호
号 ❶ ──── ❷ ──── ❸ ☐ ☐ ☐   號 호

kuài 콰이
快
빠르다
快 ❶ ──── ❷ ──── ❸ ☐ ☐ ☐   快 쾌

yào 야오
要
원하다, ~할 것이다
要 ❶ ──── ❷ ──── ❸ ☐ ☐ ☐   要 요

dào 따오
到
이르다, 도착하다
到 ❶ ──── ❷ ──── ❸ ☐ ☐ ☐   到 도

le 러
了
어기조사
了 ❶ ──── ❷ ──── ❸ ☐ ☐ ☐   了 료

de 더		❶ ⋯⋯ ❷ ⋯⋯ ❸	☐ ☐ ☐
的	的		的　적
~의			

jīntiān 진티앤		❶ ⋯⋯ ❷ ⋯⋯ ❸	☑ ☐ ☐
今天	今天		今天　금천
오늘			

míngtiān 밍티앤		❶ ⋯⋯ ❷ ⋯⋯ ❸	☐ ☐ ☐
明天	明天		明天　명천
내일			

xīngqī 싱치		❶ ⋯⋯ ❷ ⋯⋯ ❸	☐ ☐ ☐
星期	星期		星期　성기
주(週)			

Chūnjié 췬지에		❶ ⋯⋯ ❷ ⋯⋯ ❸	☐ ☐ ☐
春节	春节		春節　춘절
춘절, 설			

chuántǒng 촨통		❶ ⋯⋯ ❷ ⋯⋯ ❸	☐ ☐ ☐
传统	传统		傳統　전통
전통			

jiérì 지에르		❶ ⋯⋯ ❷ ⋯⋯ ❸	☐ ☐ ☐
节日	节日		節日　절일
기념일, 명절			

01

진티앤 지 위에지 하오

今天几月几号?

Jīntiān jǐ yuè jǐ hào

오늘은 몇 월 며칠입니까?

1 今天 jīntiān 진티앤 오늘

2 几月几号? jǐ yuè jǐ hào 지 위에 지 하오 몇 월 며칠?

날짜를 물어볼 때 **몇, 얼마**라는 뜻의 의문사 几 jǐ 지를 **월**을 나타내는 月 yuè 위에 앞에, **일**을 나타내는 号 hào 하오 앞에 붙인다.

진티앤 이 위에　얼스이　하오
今天一月二十一号。　오늘은 1월 21일입니다.
Jīntiān yīyuè èrshíyī hào

1 날짜 말하기

숫자 + **月** yuè 월 + 숫자 + **号** hào 일

날짜를 말할 때는 우리말과 같이 숫자 뒤에 **月** yuè 위에 **월**, **号** hào 하오 **일**을 붙이면 된다. 날짜나 요일을 나타내는 문장 또한 명사가 술어 **~이다**로 쓰인 문장인 **명사 술어문**이다.

주어와 명사 사이에 동사 **是** shì 스를 넣을 수도 있다. 그러나 부정문에서는 부정의 뜻을 나타내는 **不是** búshì 뿌스를 꼭 넣어야 한다.

진티앤 (스) 이위에 얼스 하오
- **今天(是)一月二十号。**　　오늘은 1월 20일입니다.
Jīntiān (shì) yīyuè èrshí hào

진티앤 부스 이위에 얼스 하오
- **今天不是一月二十号。**　　오늘은 1월 20일이 아닙니다.
Jīntiān búshì yīyuè èrshí hào

2 월

월을 나타낼 때는 우리말과 같이 1~12까지의 숫자 뒤에 **월**을 뜻하는 月 yuè 위에를 붙인다.

1월	一月	yīyuè	이위에	7월	七月	qīyuè	치위에
2월	二月	èryuè	얼위에	8월	八月	bāyuè	빠위에
3월	三月	sānyuè	싼위에	9월	九月	jiǔyuè	지요우위에
4월	四月	sìyuè	쓰위에	10월	十月	shíyuè	스위에
5월	五月	wǔyuè	우위에	11월	十一月	shíyīyuè	스이위에
6월	六月	liùyuè	리요우위에	12월	十二月	shí'èryuè	스얼위에

3 일

날짜 또한 1~31까지의 숫자 뒤에 **일**을 뜻하는 号 hào 하오, 日 rì 르를 붙이는데, 号는 일상회화에서, 日는 문서상에서 쓰인다.

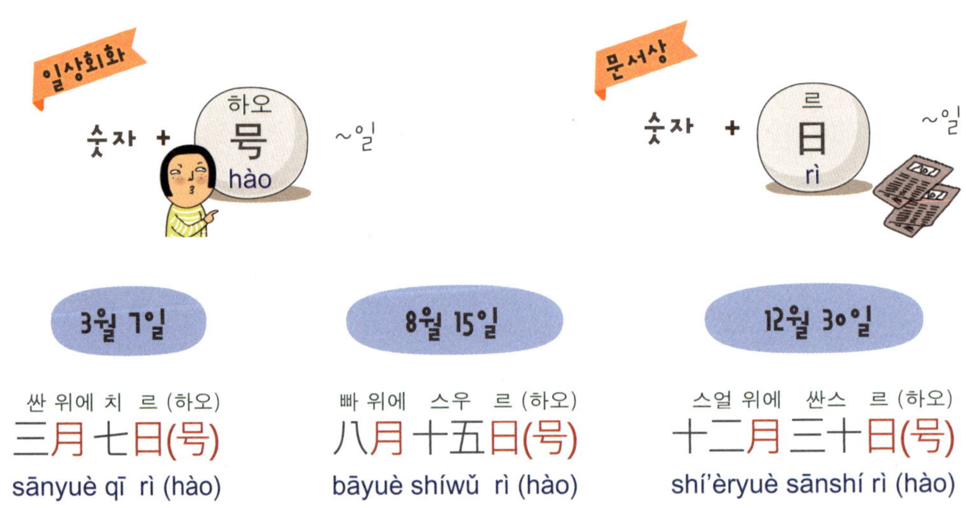

03

싱치 지

星期几?
Xīngqī jǐ

무슨 요일입니까?

+

무슨 요일?

요일을 물을 때는 **몇, 얼마**라는 뜻의 의문사 **几 jǐ** 지를 **주**를 나타내는 **星期 xīngqī** 씽치 뒤에 붙인다.

04

싱치티앤

星期天
Xīngqītiān

일요일

요일을 나타낼 때는 **월요일**에서 **토요일**까지는 주를 뜻하는 **星期 xīngqī** 씽치 뒤에 1~6까지의 숫자를 붙인다. 일곱째 날인 **일요일**만 **星期天 xīngqītiān** 씽치티앤 또는 **星期日 xīngqīrì** 씽치르라고 한다.

월요일	星期一	xīngqīyī	씽치이
화요일	星期二	xīngqī'èr	씽치얼
수요일	星期三	xīngqīsān	씽치싼
목요일	星期四	xīngqīsì	씽치쓰
금요일	星期五	xīngqīwǔ	씽치우
토요일	星期六	xīngqīliù	씽치리요우
일요일	星期天(日)	xīngqītiān(rì)	씽치티앤(르)

진티앤　씽치　지
- 今天星期几?
Jīntiān xīngqī jǐ

오늘은 무슨 요일입니까?

진티앤　씽치　이
… 今天星期一。
Jīntiān xīngqīyī

오늘은 월요일입니다.

연도를 읽을 때는 숫자를 하나씩 읽어주고 뒤에 **년, 해**를 뜻하는 **年** nián 니앤을 붙여준다. 숫자 0도 **零** líng 링이라고 꼭 읽어준다.

2018년

얼 링 이 빠 니앤
二零一八年
èr líng yī bā nián

2018年

2019년

얼 링 이 지유 니앤
二零一九年
èr líng yī jiǔ nián

2019年

2020년

얼 링 얼 링 니앤
二零二零年
èr líng èr líng nián

2020年

연-월-일-요일을 나열하는 순서는 우리말과 같다.

2019년 8월 26일 월요일

문서

2019年 8月 26日 星期一

회화

얼 링 이 지유 니앤 빠 위에 얼 스 리 요우 하오 씽치이
二零一九年 八月 二十六号 星期一
èr líng yī jiǔ nián bā yuè èr shíliù hào   xīngqīyī

05

췬지에 콰이야오 따오 러
春节快要到了。　곧 춘절이 다가옵니다.
Chūnjié kuàiyào dào le

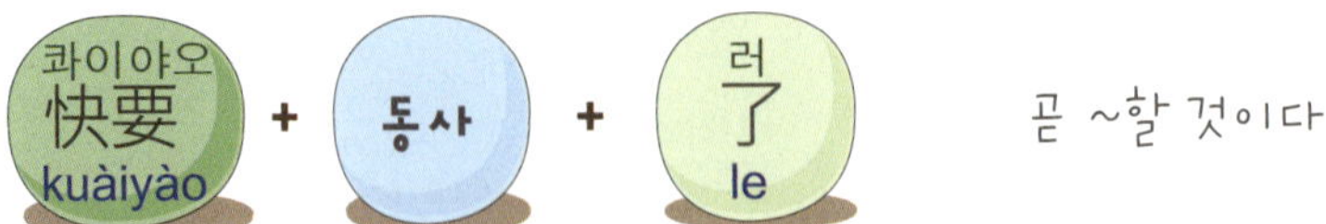

快要 kuàiyào 콰이야오는 곧, 머지않아라는 뜻으로 머지않은 장래에 어떤 상황이 이루어짐을 나타낸다. 동사 뒤에 어기조사인 **了** le 러를 써서 **快要 ~ 了**와 같은 형태로 **곧 ~할 것이다**라는 뜻의 관용어구로 쓰인다.

훠쳐 콰이야오 츄파　러
- **火车快要出发了。**　기차가 곧 출발한다.
  Huǒchē kuài yào chūfā le

   ▶▶ **火车** huǒchē　훠쳐　기차
   ▶▶ **出发** chūfā　츄파　출발하다

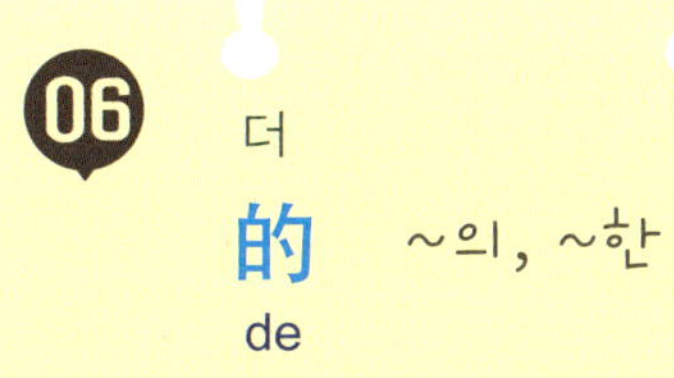

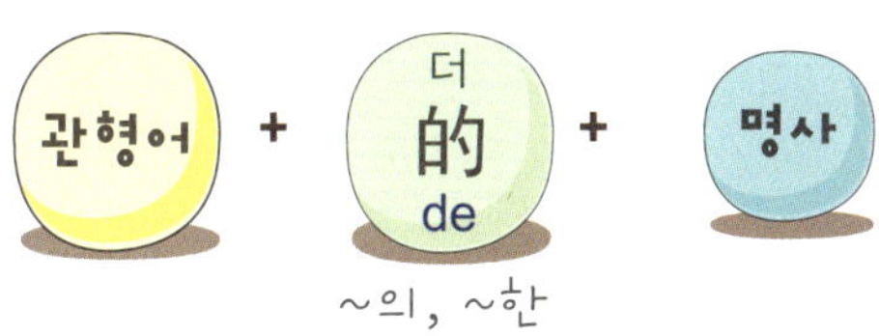

的 de 더는 명사, 대명사, 형용사, 동사 등의 관형어와 꾸밈을 받는 말인 명사 사이에 쓰여 ~의, ~한이라는 의미로 쓰인다.

워 더 띠앤나오
- **我的电脑** 내 컴퓨터
  wǒ de diànnǎo

메이리 더 펑징
- **美丽的风景** 아름다운 풍경
  měilì de fēngjǐng

▶▶ 电脑 diànnǎo 띠앤나오 컴퓨터
▶▶ 美丽 měilì 메이리 아름답다
▶▶ 风景 fēngjǐng 펑징 풍경, 경치

중국의 최대휴일은 **춘절 春节** Chūnjié 춘지에와 중화 인민공화국 건립 기념일인 양력 10월 1일 **국경절 国庆节** Guóqìngjié 꿔칭지에이다. 두 휴일의 법정공휴일은 3일이지만, 보통 앞뒤 주의 주말을 붙여 일주일가량을 쉰다. 이와 같은 **황금연휴**를 **黄金周** huángjīnzhōu 황진쪼우라고 부르며 이때는 중국 전역에 고향을 찾는 사람들과 여행을 떠나는 사람들로 인구 대이동이 이루어진다.

법정 공휴일

날짜	연휴	한자	병음	발음	한국어	뜻
1월 1일	3일 연휴	元旦	Yuándàn	위앤딴	원단	신정
음력 1월 1일	7일 연휴	春节	Chūnjié	춘지에	춘절	설날
음력 1월 15일		元宵节	Yuánxiāojié	위앤시야오지에	원소절	정월 대보름
3월 8일		妇女节	Fùnǚjié	푸뉘지에	부녀절	여성의 날
3월 12일		植树节	Zhíshùjié	즈슈지에	식수절	식목일
4월 4일~6일 경	3일 연휴	清明节	Qīngmíngjié	칭밍지에	청명절	
5월 1일	3일 연휴	劳动节	Láodòngjié	라오똥지에	노동절	근로자의 날
5월 둘째 주 일요일		母亲节	Mǔqīnjié	무친지에	모친절	어머니의 날
6월 1일		儿童节	Értóngjié	얼통지에	아동절	어린이 날
음력 5월 5일	3일 연휴	端午节	Duānwǔjié	뚜안우지에	단오절	
6월 셋째 주 일요일		父亲节	Fùqīnjié	푸친지에	부친절	아버지의 날
8월 1일		建军节	Jiànjūnjié	찌앤쮠지에	건군절	군인의 날
9월 10일		教师节	Jiàoshījié	찌야오스지에	교사절	스승의 날
음력 8월 15일	3일 연휴	中秋节	Zhōngqiūjié	쫑치우지에	중추절	추석
10월 1일	7일 연휴	国庆节	Guóqìngjié	궈칭지에	국경절	현 중화인민공화국의 건국을 기념하는 날
12월 25일		圣诞节	Shèngdànjié	성딴지에	성탄절	크리스마스

연습문제

1. 아래 대화를 보고 해당하는 알맞은 날짜를 고르세요.

A: 春节几月几号? Chūnjié jǐ yuè jǐ hào

B: 春节一月二十八号。 Chūnjié yīyuè èrshíbā hào

① 　② 　③ 

2. 아래 대화의 그림을 보고 빈칸에 들어갈 알맞은 문장을 고르세요.

A: 明天星期几? Míngtiān xīngqī jǐ

B: 　　　　　　　　　　。

① 星期三 xīngqīsān　② 星期四 xīngqīsì　③ 星期五 xīngqīwǔ

3. 〈보기〉의 날짜를 알맞게 읽어 보세요.

보기

| 2018年 | 10月 | 1日 | 星期一 |

→

 정답

1. ③  설명 ○월 ○일 : 숫자+月 숫자+号　2. ③ 설명 今天 jīntiān 오늘, 明天 míngtiān 내일

3. 二〇一八年 十月 一号 星期一　èr líng yī bā nián shí yuè yī hào xīngqīyī

 설명 연-월-일-요일 순서대로 읽는다.

09 중국의 음식

세계적인 요리로 꼽히는 중국 요리는 광대한 영토와 기후의 차이만큼이나 지역마다 음식 문화가 다르고 요리의 종류가 매우 다양하다.
중국 요리는 지역별로 크게 베이징, 상하이, 쓰촨, 광동 이렇게 4대 요리로 나뉜다.

1. 4대 요리

1 北京菜 Běijīng cài 베이징 북경 요리

수도인 베이징을 중심으로 주로 궁중요리 등 고급요리가 발달했다. 밀의 생산이 많아 면류·만두·전병의 종류가 많은 것도 특징이다.
대표적인 요리는 우리가 흔히 베이징 덕으로 알고 있는 **北京烤鸭 Běijīng kǎoyā** 베이징 카오야 북경오리구이가 있다. 특수요리법으로 굽고 잘 저며 낸 오리고기를 소스와 함께 밀가루 전병에 싸서 먹는다.

 上海菜 Shànghǎi cài 상하이 상해 요리

상하이 주변은 예로부터 수산물과 농산물이 풍부한 지역이다. 또한 바다와 접해있어 싱싱하고 다양한 해산물을 사용하는 것이 특징이다.
대표적으로 게 요리가 유명하며, 꽃 모양의 빵인 花卷 huājuǎn 화쥐앤 화권과 毛泽东 Máo Zédōng 마오쩌둥 모택동이 좋아했다고 알려진 돼지고기로 만드는 红烧肉 hóngshāoròu 홍샤오로우 홍소육도 상하이 요리의 대표 음식이다.

3 四川菜 Sìchuān cài **쓰촨** 사천 **요리**

내륙 지역의 특징상 바다가 멀어 해산물이 흔치 않고 음식이 부패하는 것을
막기 위하여 식품 저장법과 향신료가 발달했다. 기름진 다른 지역의 음식에
비해 매운맛의 요리가 많아 한국인의 입맛에 잘 맞는 편이다.
대표적인 요리로는 얼큰한 샤브샤브인 **火锅** huǒguō **훠궈** 화과와 우리에게 잘
알려진 두부요리인 **麻婆豆腐** mápódòufu **마포또우푸** 마파두부 등이 있다.

4 广东菜 Guǎngdōng cài **광동**광동 **요리**

네발 달린 것이면 책상 빼고 무엇이든 요리로 만들어진다는 말이 나왔을
정도로 재료가 다양하다.
식재료가 풍부해서 대표적인 요리로는 우리가 상상도 못하는 재료 뱀, 고양이,
족제비, 곰 등 야생동물로 만든 것들이 많이 있지만, 우리에게 친숙한 **糖醋肉**
tángcùròu **탕추로우** 탕수육 와 **八宝菜** bābǎocài **빠바오차이** 팔보채, **点心** diǎnxin
디앤신 딤섬 등도 대표적인 광동요리이다.

우리나라에서도 길거리 음식이 많지만 중국은 길거리 음식으로 정말 유명하다. 음식을 파는 곳이 많고 종류 또한 음식의 천국답게 각종 꼬치류를 비롯해서 엄청 다양하다. 가격도 그다지 비싸지 않아 많은 사람들이 즐긴다.

맥도날드나 KFC 등 패스트푸드점이 대도시에 진출해 있어서 가벼운 식사를 할 수 있으며 조선족이나 한국인이 운영하는 한국 음식점도 많이 있다.

환잉　꽝린

欢迎 光临!
Huānyíng guānglín

어서 오세요!

워　야오　이　거　한빠오　허　이　뻬이　커러

我 要 一 个 汉堡 和 一 杯 可乐。
Wǒ yào yí gè hànbǎo hé yì bēi kělè

햄버거 한 개와 콜라 한 잔 주세요.

짜이　쩔　츠　하이스　따이조우

在 这儿 吃 还是 带走?
Zài zhèr chī háishi dàizǒu

여기에서 드실 겁니까? 아니면 가져 갈 겁니까?

짜이　쩔　츠　이꽁　뚜어샤오　치앤

在 这儿 吃。一共 多少 钱?
Zài zhèr chī Yígòng duōshao qián

여기에서 먹을 겁니다. 모두 얼마입니까?

이꽁　얼스리요우　콰이　우

一共 二十六 块 五。
Yígòng èrshíliù kuài wǔ

모두 26위앤 5마오(26.5위앤)입니다.

✔ 대화 내용의 구문 및 문법 핵심을 알아두자!

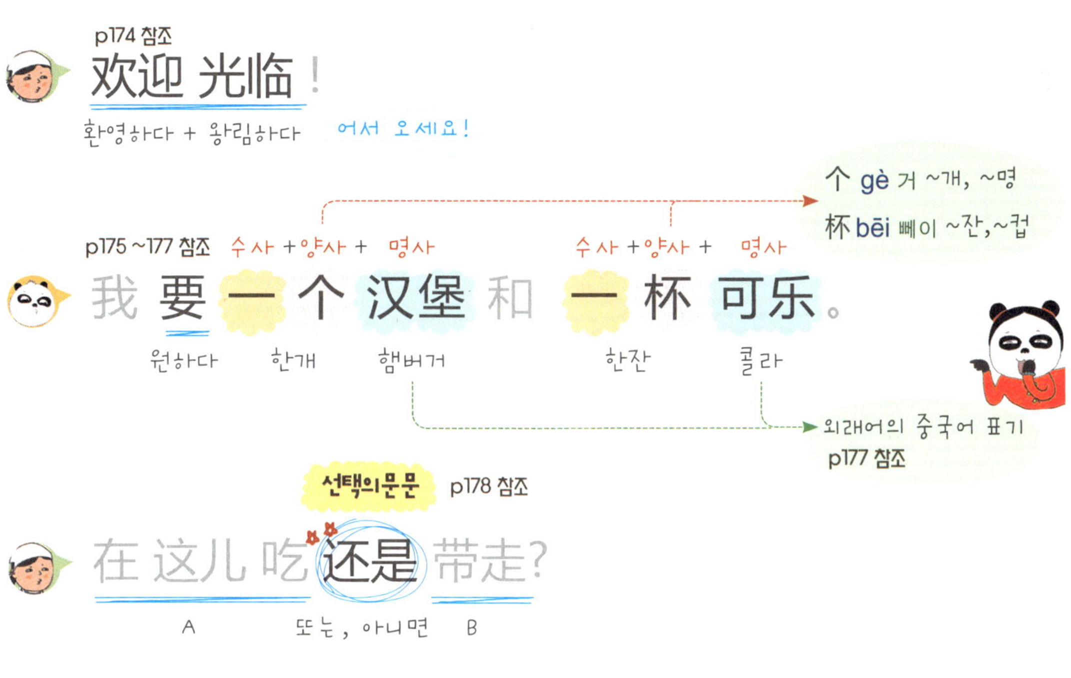

성모와 운모의 결합

성모와 운모가 만나고 성조가 더해져 하나의 소리를 낸다.

---

lè 러
乐 즐겁다, 기쁘다

성모 **+** e 어

① lè ② ③

---

gè 거
个 ~개, ~명

① gè ② ③

---

kě 커
可 ~할 수 있다

① kě ② ③

---

zhè 쩌
这 이, 이것
의문사

① zhè ② ③

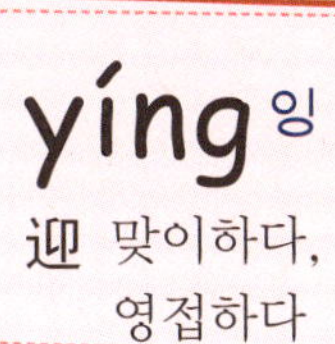

yíng 잉
迎 맞이하다, 영접하다

ing → ying ❶ yíng ❷ ______ ❸ ______

i 이 로 시작하는 운모는 앞에 성모가 오지 않고 혼자 쓰일 때, i를 yi로 바꾸어 표기한다.

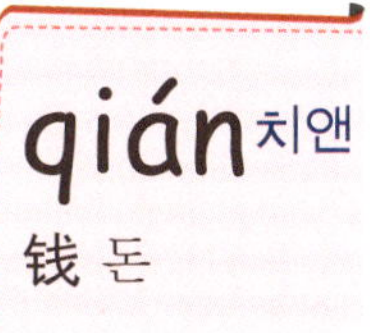

qián 치앤
钱 돈

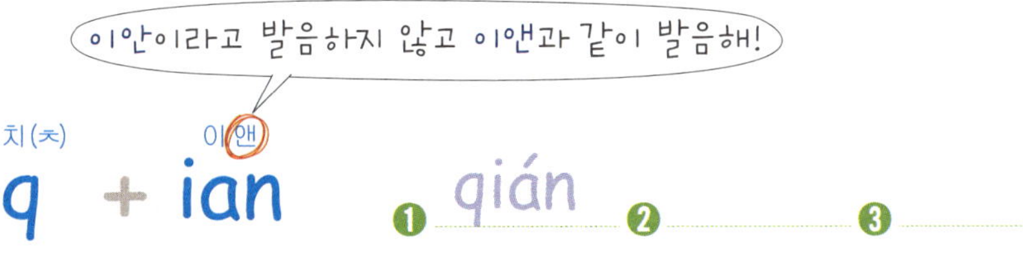

q + ian ❶ qián ❷ ______ ❸ ______

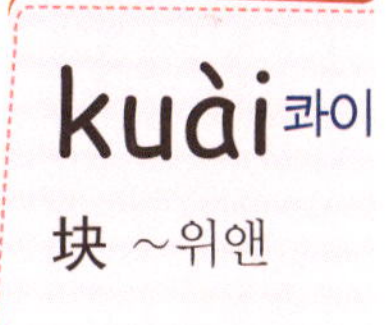

kuài 콰이
块 ~위앤

k + uai ❶ kuài ❷ ______ ❸ ______

huān 환
欢 즐겁다, 기쁘다

h + uan ❶ huān ❷ ______ ❸ ______

guāng 꽝
光 빛, 영광

g + uang ❶ guāng ❷ ______ ❸ ______

성조 연습

| 1성+2성 | 환 잉
huānyíng
欢迎 환영하다 | ❶ ⋯⋯ ❷ ⋯⋯ |

꽝 린
guānglín
光临 왕림하다

❶ ⋯⋯ ❷ ⋯⋯

| 1성+경성 | 뚜어 샤오
duōshao
多少 몇, 얼마 | ❶ ⋯⋯ ❷ ⋯⋯ |

| 2성+4성 | 이 꽁
yígòng
一共 모두, 전부 | ❶ ⋯⋯ ❷ ⋯⋯ |

| 2성+경성 | 하이 스
háishi
还是 또는, 아니면 | ❶ ⋯⋯ ❷ ⋯⋯ |

커 러
kělè
可乐 콜라

① ②

한 빠오
hànbǎo
汉堡 햄버거

① ②

따이 조우
dàizǒu
带走 가지고 가다

① ②

이 과에서 배운 주요 한자를 따라 써 보고 중국어로 읽어 보자.

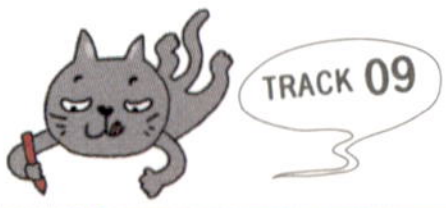

TRACK 09

한자	쓰기	읽기

yào 야오
要
원하다
① ---- ② ---- ③
要 요

gè 거
个
~개, ~명 양사
① ---- ② ---- ③
個 개

bēi 뻬이
杯
~잔 양사
① ---- ② ---- ③
杯 배

qián 치앤
钱
돈
① ---- ② ---- ③
錢 전

kuài 콰이
块
위앤 화폐단위
① ---- ② ---- ③
塊 괴

dài 따이
带
가지다
① ---- ② ---- ③
帶 대

병음	한자	뜻	간체	번체	한국어
zǒu 조우	走	걷다, 가다			走 주
Huānyíng 환잉	欢迎	환영하다			歡迎 환영
guānglín 꽝린	光临	왕림하다			光臨 광림
zhèr 쩔	这儿	여기, 이곳			這兒 저아
háishi 하이스	还是	또는, 아니면			還是 환시
yígòng 이꽁	一共	모두, 전부			一共 일공
duōshao 뚜어샤오	多少	몇, 얼마 의문사			多少 다소

01

환잉 꽝린
欢迎光临!
Huānyíng guānglín

어서 오십시오!

어서 오세요!라는 뜻으로 음식점이나 호텔, 상점 등에서 많이 쓰는 인사말이다. 欢迎 huānyíng 환잉 은 손님을 맞을 때 주로 쓰는 표현으로 반복해서 써서 의미를 강조해준다.

환잉 환잉
- ### 欢迎欢迎。
  Huānyíng huānyíng

  환영합니다.

환잉 짜이 라이
- ### 欢迎再来。
  Huānyíng zài lái

  다시 또 오세요!

  ▶▶ 来 lái 라이 오다

02

我要一个汉堡和一杯可乐。 햄버거 한 개와 콜라 한 잔 주세요.
Wǒ yào yí gè hànbǎo hé yì bēi kělè

---

1 **要** yào 야오 원하다, 필요하다

원하다, 필요하다라는 뜻의 동사이다. 조동사로 쓰일 때는 ~하고 싶다라는 뜻으로 쓰이기도 한다. 要는 다양하게 활용되고 자주 쓰이는 단어이므로 꼭 알아두도록 하자!

하이 야오 비에더 마
- **还要别的吗?** 다른 것이 더 필요합니까? ▶▶ **还** hái 하이 또한, 더
  Hái yào biéde ma ▶▶ **别的** biéde 비에더 다른, 다른 것

---

2 **一个** yí gè 이거 한 개, **一杯** yì bēi 이 뻬이 한 잔

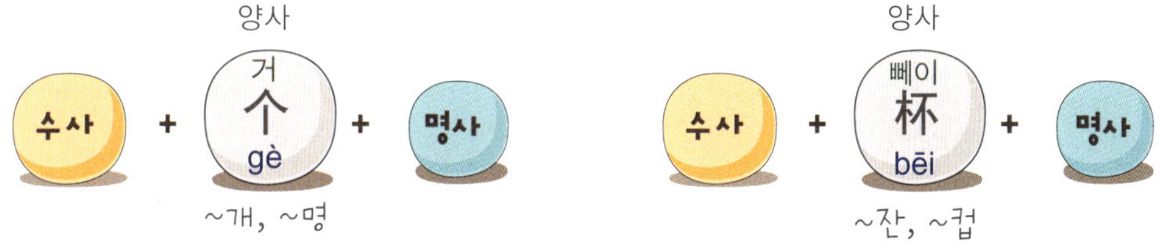

앞의 6과에서 배운 **口** kǒu 코우 처럼 중국어에서는 단위를 나타내는 말인 양사를 사용한다. **个** gè 거 는 ~개, ~명의 뜻으로 사람이나 사물을 셀 때 가장 보편적으로 많이 쓰는 양사이다. **杯** bēi 뻬이 는 물이나 커피, 술과 같은 액체를 ~잔, ~컵으로 나타낼 때 쓰는 양사이다.

자주 쓰이는 양사

이 짱 즈
一 张 纸   종이 한 장
yì zhāng zhǐ

~장 : 종이나 침대 등 넓고 평평한 것을 셀 때

량 티야오 쿠즈
两 条 裤子   바지 두 벌
liǎng tiáo kùzi

~벌, 가닥 : 가늘고 긴 형태로 된 것을 셀 때

싼 지앤 이푸
三 件 衣服   옷 세 벌
sān jiàn yīfu

~벌, ~건 : 옷이나 일·사건 등을 셀 때

쓰 번 슈
四 本 书   책 네 권
sì běn shū

~권, ~부 : 책 등을 셀 때

우 즈 치앤삐
五 支 铅笔   연필 다섯 자루
wǔ zhī qiānbǐ

~자루, ~개피 : 막대 모양의 긴 것을 셀 때

리요우 즈 니야오얼
六 只 鸟儿   새 여섯 마리
liù zhī niǎo'er

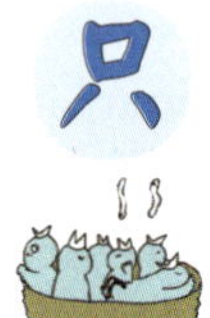

~마리 : 동물 등을 셀 때

수량이 2일 경우, 양사 앞에서는 二 èr 얼을 쓰지 않고
两 liǎng 리양[량]을 써야 해.

3 汉堡 hànbǎo 한빠오 **햄버거**, 可乐 kělè 커러 **콜라**

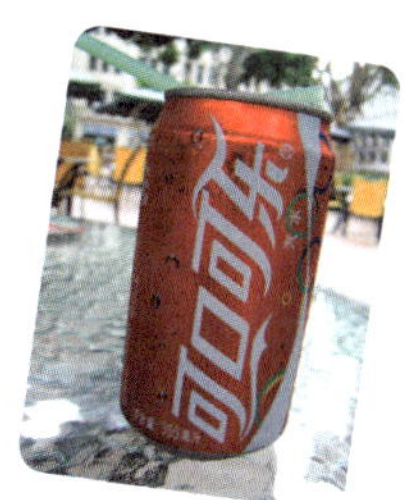

우리말은 **햄버거**, **콜라**와 같이 외래어를 그대로 사용하지만 중국어는 외래어를 표기할 때 중국어로 바꾸어서 표기한다. 비슷한 음에 해당하는 한자를 찾아서 표기한 것, 뜻만 직역해서 그대로 쓴 것, 뜻과 소리를 적절히 조화시켜서 표기한 외래어 등이 있다.

카페이
咖啡
kāfēi

커피 coffee

씽 바 커
星巴克
xīngbākè

스타벅스

마이땅라오
麦当劳
màidāngláo

맥도날드

컨 더 지
肯德基
kěndéjī

KFC

03

짜이 쩔 츠 하이스 따이 조우
在这儿吃还是带走?
Zài zhèr chī háishi dàizǒu

답이 될 수 있는 **두개의 상황 중 하나를 선택**하게 할 때 **접속사** 还是 háishi 하이스로 연결하여 의문문을 만들 수 있는데, 이와 같은 의문문을 **선택 의문문**이라고 한다.

니 진티앤 취 하이스 밍티앤 취
- ## 你今天去还是明天去?
  Nǐ jīntiān qù háishi míngtiān qù

너는 오늘 가니, 아니면 내일 가니?

니 허 카페이 하이스 허 챠
- ## 你喝咖啡还是喝茶?
  Nǐ hē kāfēi háishi hē chá

커피 드실래요, 아니면 차 드실래요?

▶▶ 喝　hē　허　　　마시다
▶▶ 茶　chá　챠　　　차 tea

04

짜이 쩔
在这儿
zài　zhèr

여기에서

---

1 在 zài 짜이 ~에서

在 zài 짜이는 ~에서라는 뜻의 개사(전치사)로 쓰이기도 하고 동사로 쓰일 때는 뒤에 장소를 나타내는 말이 오며, ~에 있다라는 뜻을 나타낸다.

니 짜이　날　꽁쭈어
- 你在哪儿工作?
  Nǐ zài nǎr gōngzuò

당신은 어디에서 일합니까?

니 지아 짜이 날
- 你家在哪儿?
  Nǐ jiā zài　nǎr

너희 집은 어디에 있어?

2 这儿 zhèr 쩔 여기, 이곳

지시 대명사

这 zhè 쩌	이, 이것, 이분	那 nà 나	저, 저것, 저분	哪 nǎ 나	어느, 어느 것
这儿 zhèr 쩔 这里 zhèli 쩌리	여기, 이곳	那儿 nàr 날 那里 nàli 나리	저기, 거기, 저곳, 그곳	哪儿 nǎr 날 哪里 nǎli 나리	어디, 어느 곳

사람이나 사물을 지시해서 가리키는 말을 지시대명사라고 한다.

- 这는 일반적으로 나에게 가까운 쪽, 那는 먼 쪽을 가리킬 때 사용
- 这,那,哪는 회화체에서 这 zhèi 쩨이, 那 nèi 네이, 哪 něi 네이로도 발음

 **05**

이꿍 뚜어샤오 치앤
一共多少钱? 　모두 얼마입니까?
Yígòng duōshao qián

몇, 얼마라는 뜻의 의문사 多少 duōshao 뚜어샤오[뚸샤오] 뒤에 돈을 의미하는 钱 qián 치앤을 붙이면 多少钱 duōshao qián 뚜어샤오 치앤 얼마입니까?라는 뜻의 가격을 묻는 표현이 된다. 이때, 앞에 一共 yígòng 이꿍을 붙여서 모두 얼마입니까? 라고 물어볼 수도 있다.

多少는 정확하지 않은 조금 큰 숫자를 물을 때 사용하는 것으로 10이하의 적은 수량을 물을 때 사용하는 几 jǐ 앞의 6과 p??? 참조와 비교해서 알아두도록 하자!

이 거 뚜어샤오 치앤
- 一个多少钱? 　한 개에 얼마입니까?
  Yí gè duōshao qián

니 야오 뚜어샤오
- 你要多少? 　얼마나 필요하십니까?
  Nǐ yào duōshao

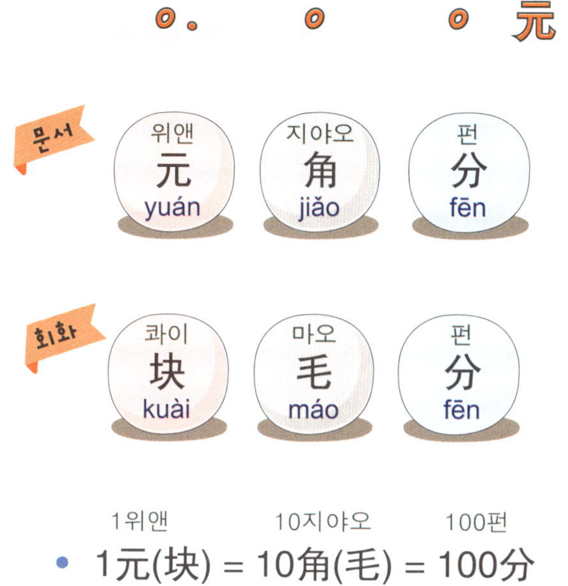

- 1元(块) = 10角(毛) = 100分

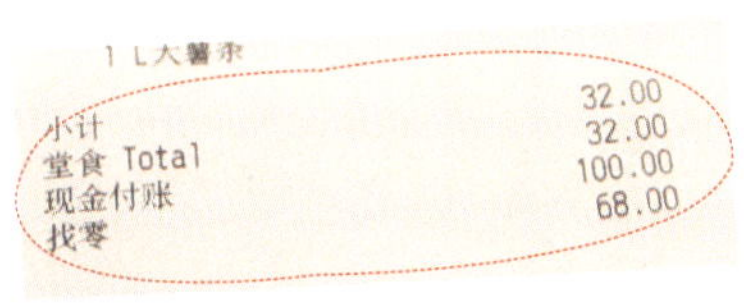

중국의 화폐 단위는 元 yuán 위앤이다.

기준이 되는 화폐는 1元이며, 그 아래 보조화폐로 角 jiǎo 지야오, 分 fēn 펀이 있다.

일상회화에서는 元 대신 块 kuài 콰이, 角 대신 毛 máo 마오를 사용한다.

가격을 표시할 때는 元 아래 단위는 소수점 아래에 쓴다.

중국의 화폐를 **人民币** rénmínbì 런민삐 **인민폐**라고 하며, 또는 **위안화**라고도 한다. 기호는 **¥**로 나타낸다.

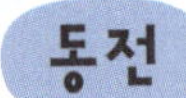
동전

1元   5角   1角   5分, 2分, 1分

사진의 화폐는 신권이야. 현재 사용하는 지폐 중 가장 큰 것은 100元이며 가장 작은 단위인 分은 거의 사용되지 않아.

지폐

100元

50元

20元

10元

5元

2元, 5角, 2角, 1角

1元

① 회화에서 마지막 화폐단위는 생략할 수 있다.

10.5 元

스 위앤 우 지야오
十元五角
shí yuán wǔ jiǎo

스 콰이 우 (마오)
十块五毛
shí kuài wǔ (máo)

② 세 단위 중 하나만 쓰일 때는 회화에서 문장 끝에 钱 qián 치앤을 붙여 말한다.

3 元

싼 위앤
三元
sān yuán

싼 콰이 치앤
三块钱
sān kuài qián

③ 가운데 단위가 0일 경우, 0을 零 líng 링이라고 꼭 읽어준다. 단, 2개 이상의
0이 있어도 한번만 읽어주되 맨 끝의 단위는 반드시 말해준다.

2.05 元

량 위앤 링 우 펀
两元零五分
liǎng yuán líng wǔ fēn

량 콰이 링 우 (펀)
两块零五(分)
liǎng kuài líng wǔ (fēn)

④ 2가 단독으로 쓰일 경우, 각 단위 앞에 两 liǎng 량이라고 읽어주어야 한다.
그러나 마지막 자리에 쓰여 그 단위가 생략될 경우에는 二 èr 얼이라고 말해야 한다.

2.2 元

량 위앤 량 지야오
两元两角
liǎng yuán liǎng jiǎo

회화
량 콰이 량 마오
两块两毛
liǎng kuài liǎng máo

량 콰이 얼
两块二
liǎng kuài èr

1. 각 상황에 맞는 양사를 〈보기〉에서 골라 넣어 보세요.

보기
个	件	口	杯	本	张
gè	jiàn	kǒu	bēi	běn	zhāng

① 一　　纸
yì （　） zhǐ

② 两　　可乐
liǎng （　） kělè

③ 三　　汉堡
sān （　） hànbǎo

④ 四　　书
sì （　） shū

2. 아래 대화의 그림을 보고 빈칸에 들어갈 알맞은 문장을 고르세요.

A : 在这儿吃还是带走?
Zài zhèr chī háishi dàizǒu

B :　　　　　　　　　　　　　。

① 在这儿吃。 Zài zhèr chī

② 带走。 Dàizǒu

③ 我要喝一杯咖啡。 Wǒ yào hē yì bēi kāfēi

3. 〈보기〉의 금액을 알맞게 읽어 보세요.

보기

① 两十六块五 liǎngshíliù kuài wǔ

② 二十六块五 èrshíliù kuài wǔ

③ 二十六块零五 èrshíliù kuài líng wǔ

정답
1. ① 张 zhāng ② 杯 bēi ③ 个 gè ④ 本 běn 설명 个 : ~명, ~개(일반적), 件 : ~벌(옷), 口 : ~식구
(가족 수), 杯 : ~잔(음료), 本 : ~권(책), 张 : ~장(종이) 2. ② 설명 선택의문문 : 답이 될 수 있는 두개의 상황 중 하나를 선택
3. ② 설명 20: 二十 èrshí, 가운데 단위가 0일 경우, 0을 零 líng 링이라고 꼭 읽어준다.

10 중국의 주요 명소

거리 전체가 역사박물관과 같은 베이징, 중국 문명의 발상지인 황허강 유역의
도시들, 역사가 오래된 만큼 둘러볼 만한 명승고적이 많다.

1. 天安门 Tiān'ānmén 티앤안먼 천안문

역대 황제가 거하던 고궁 故宫(紫禁城 Zǐjìnchéng 쯔진청 자금성)의 정면현관에
있는 화려한 문이다. 1989년 6·4민주화 운동의 중심지이기도 하다. 문의 중심에는
고 마오쩌뚱 주석의 초상화가 걸려 있고 지붕 아래에는 국장이 반짝이고 있다.
티앤안먼 앞에 있는 것이 티앤안먼 광장인데, 네 모퉁이에는 각각 인민대회당,
마오쩌뚱기념당, 중국역사박물관, 중국혁명박물관 등이 있다.

명·청조 시대의 황제들이 살던 아름답고 장엄한 궁궐로서 세계 최대의
황궁이다. 지금은 고궁박물관으로 쓰이고 있다. 티앤안먼 뒤에 있으며 황제가
국가적인 행사와 의식을 행했던 곳이다.

2,500년 전의 주나라 말에 북방의 유목민족의 침입을 막기 위해 북쪽의 국경에서 성을 쌓기 시작하여 그 이후, 진의 시황제가 거의 지금과 같은 모습으로 지었다. 창청으로 가는 길은 베이징의 북서쪽 약 60km되는 곳에 있는 八达岭 Bādálǐng 빠다링 팔달령에서 올라간다.

명·청나라 황제들이 매년 하늘에 제사를 지내기 위해 설치한 제단으로 베이징 남쪽에 위치하고 있다.

5. 颐和园 Yíhéyuán 이허위앤 이화원

서태후가 살았던 별궁으로 유명하며 세계문화유산으로 지정되어 있다. 인공호수인 **昆明湖** Kūnmínghú **쿤밍후** 곤명호 가 대부분을 차지하며 호수를 만들기 위해 파낸 그 흙으로 산을 만들고 그 위에 누각을 지었다.

✓ 대화 내용의 구문 및 문법 핵심을 알아두자!

你 **想** 去 哪儿?
~하고 싶다　어디에
바람·희망　p 198 참조

我 **想** 去 长城。
완리창청 만리장성의 줄임말

p 199~200 참조

好, 这个 周末 **咱们** 一起 去 **吧**。
이번 주말　우리　　　　~합시다

어기조사란 문장 끝에 놓여 의문, 추측, 명령, 감탄, 완료 등 말하는 사람의 심정이나 의도를 나타내는 말이야.

那儿 **能** 坐 缆车 吗?
능력·가능성 ~할 수 있다　케이블카
p 201 참조

坐 + 교통수단 : ~을 타다
p 202 참조

当然 **可以**。
당연하다　~할 수 있다,
　　　　~해도 좋다　가능·허락

TRACK 10

성모와 운모의 결합

성모와 운모가 만나고 성조가 더해져 하나의 소리를 낸다.

chéng 청
城 성

néng 넝
能 ~할 수 있다

xiǎng 시양
想 ~하고 싶다

시(ㅅ, ㅆ) 이앙[양]
x + iang ❶ xiǎng ❷ ❸

zhōu 쪼우
周 주, 주일

즈 오우
zh + ou ❶ zhōu ❷ ❸

mò 모
末 끝, 말

모(ㅁ) 오
m + o ❶ mò ❷ ❸

zuò 쭤
坐 앉다, 타다

쯔(ㅉ) 우오[워]
z + uo ❶ zuò ❷ ❸

 성조 연습

1성＋2성

땅　란
dāngrán

当然　당연하다, 물론

❶ ⋯⋯⋯⋯⋯⋯⋯⋯⋯⋯⋯ ❷ ⋯⋯⋯⋯⋯⋯⋯⋯⋯⋯⋯

1성＋4성

쪼우　모
zhōumò

周末　주말

❶ ⋯⋯⋯⋯⋯⋯⋯⋯⋯⋯⋯ ❷ ⋯⋯⋯⋯⋯⋯⋯⋯⋯⋯⋯

2성＋2성

창　　청
Chángchéng

长城　완리장청 만리장성

❶ ⋯⋯⋯⋯⋯⋯⋯⋯⋯⋯⋯ ❷ ⋯⋯⋯⋯⋯⋯⋯⋯⋯⋯⋯

2성＋경성

잔　　먼
zánmen

咱们　우리, 우리들

❶ ⋯⋯⋯⋯⋯⋯⋯⋯⋯⋯⋯ ❷ ⋯⋯⋯⋯⋯⋯⋯⋯⋯⋯⋯

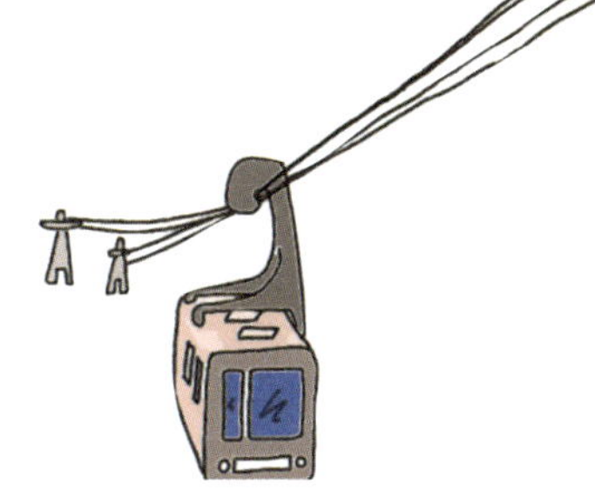

란 쳐
lǎnchē

缆车 케이블카　❶　❷

커 이
kěyǐ

可以 ~할수 있다, ~해도 좋다　❶　❷

이 치
yìqǐ

一起 같이, 함께　❶　❷

 이 과에서 배운 주요 한자를 따라 써 보고 중국어로 읽어 보자.

한자	쓰기	읽기

xiǎng 시양
想
~하고 싶다 조동사
❶ ❷ ❸
☑ ☐ ☐　想 상

ba 바
吧
~합시다
❶ ❷ ❸
☐ ☐ ☐　吧 빠 파

néng 넝
能
~할 수 있다 조동사
❶ ❷ ❸
☐ ☐ ☐　能 능

zuò 쭤
坐
앉다, 타다
❶ ❷ ❸
☐ ☐ ☐　坐 좌

Chángchéng 창청
长城
만리장성
① ② ③
長城　장성　☑

zhōumò 쪼우모
周末
주말
① ② ③
週末　주말

zánmen 잔먼
咱们
우리
① ② ③
咱們　찰문

yìqǐ 이치
一起
같이, 함께
① ② ③
一起　일기

lǎnchē 란쳐
缆车
케이블카
① ② ③
纜車　람차

dāngrán 땅란
当然
당연하다, 물론
① ② ③
當然　당연

kěyǐ 커이
可以
~할 수 있다　조동사
① ② ③
可以　가이

01

워 시양 취   창청

我想去长城。   만리장성에 가고 싶습니다.
Wǒ xiǎng qù Chángchéng

조동사
시양
想
xiǎng
~하고 싶다

\+ 동사

想 xiǎng 시양은 ~하고 싶다라는 뜻으로 바람이나 희망을 나타내는 조동사이다. ~하고 싶지 않다라고 할 때는 앞에 부정의 뜻을 나타내는 不를 써서 不想 bù xiǎng 뿌시양이라고 표현하면 된다.

니 시양 츠 셔머
- **你想吃什么?**   뭘 드시고 싶어요?
  Nǐ xiǎng chī shénme

셔머 또우 뿌 시양 츠
⋯ **什么都不想吃**。   아무것도 먹고 싶지 않아요.
  Shénme dōu bù xiǎng chī

▶▶ **都** dōu 또우   모두, 다

조동사 : 동사나 형용사 앞에 놓여 가능, 희망, 의무, 허가
등의 의미를 나타내는 말이야.
다른 말로 능원동사 能愿动词 라고 해.

这个周末咱们一起去吧。 이번 주말에 우리 같이 갑시다.
Zhè ge zhōumò zánmen yìqǐ qù ba

1 这个周末 zhè ge zhōumò 쩌거쪼우모 이번 주말

지난 달	이번 달	다음 달
샹 거 위에	쩌 거 위에	시아 거 위에
上个月	这个月	下个月
shàng ge yuè	zhè ge yuè	xià ge yuè

지난 주	이번 주	다음 주
샹 (거) 싱치	쩌 (거) 싱치	시아(거) 싱치
上(个)星期	这(个)星期	下(个)星期
shàng (ge) xīngqī	zhè (ge) xīngqī	xià (ge) xīngqī

쩌 거 싱치리요우
- 这个星期六 이번 주 토요일
zhè ge xīngqīliù

시아 싱치티앤
- 下星期天 다음 주 일요일
xià xīngqītiān

2 咱们 zánmen 잔먼 우리

咱们 zánmen 잔먼과 我们 wǒmen 워먼은 모두 **우리**라는 뜻의 인칭대명사이다. 我们은 **우리**라는 뜻의 모든 상황에서 쓰일 수 있다. 咱们은 말하는 사람과 듣는 사람이 모두 포함될 경우에만 쓰인다.

워먼 조우 바
- 我们走吧。
Wǒmen zǒu ba
우리 갑시다.

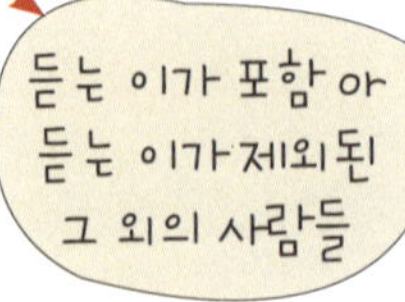

잔먼 조우 바
- 咱们走吧。
Zánmen zǒu ba
우리 갑시다.

3 吧 ba 바 ~합시다, ~해!

어기조사로서 문장 끝에 쓰여 가벼운 명령이나 제안을 나타내고, 상대방의 의견에 동의하거나 가벼운 추측을 나타낸다.

잔먼   츠판 바
- 咱们吃饭吧。 우리 밥 먹읍시다.
Zánmen chīfàn ba

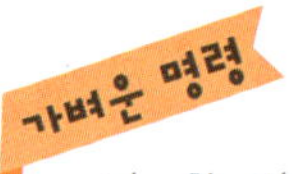

니 취 바
- 你去吧。 당신이 가세요!
Nǐ qù ba

어기조사 문장 끝에 놓여 **의문**, **추측**, **명령**, **감탄**, **완료** 등 말하는 사람의 심정이나 의도를 나타내는 말이다. 자주 쓰이는 어기조사는 다음과 같다.

吗 ma 마	의문문이나 반문	了 le 러	과거나 완료
呢 ne 너	지속이나 진행, 생략형	吧 ba 바	제안, 추측, 동의
的 de 더	긍정, 강조		

날 넝 쭤 란쳐 마
那儿能坐缆车吗?
Nàr néng zuò lǎnchē ma

거기에서 케이블카를 탈 수 있습니까?

---

1 能 néng 넝 ~할 수 있다

能 néng 넝은 ~할 수 있다라는 뜻의 조동사로 동사 앞에 놓여 어떤 일에 대한 능력이나 가능성을 나타낸다. 가능성을 나타낼 때는 주로 의문문과 부정문에 쓰인다. 부정은 앞에 不를 붙여 不能 bù néng 뿌넝이라고 한다.

넝 뿌넝 쭤
• 能不能做?   할 수 있어요?   ▶▶ 做 zuò 쭤   하다
Néng bu néng zuò

긍정+ 부정 → 반복의문문

커이
… 可以。   네.
kěyǐ

2 坐 zuò 쭤는 **앉다**라는 뜻 외에 교통수단 앞에서 ~을 **타다**라는 뜻을 가지고 있는 동사이다.

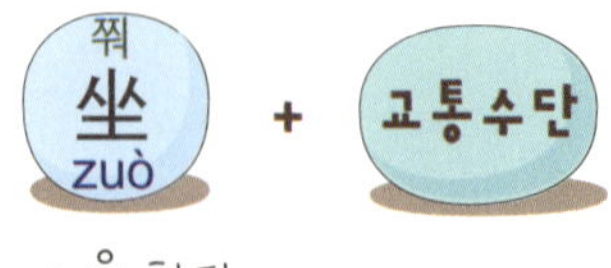

~을 타다

교통수단 택시를 **잡다/타다**라고 할 때는 打车 dǎchē 다쳐, 打的 dǎdī 다띠 라고도 표현할 수 있으며, **자전거를 타다**라고 할 때는 骑自行车 qí zìxíngchē 치 쯔싱쳐 라고 한다.

치쳐 汽车 자동차 qìchē		꽁꽁 치쳐 公共汽车 버스 gōnggòng qìchē	
추주쳐 出租车 택시 chūzūchē		후어쳐 火车 기차 huǒchē	
띠티에 地铁 지하철 dìtiě		페이지 飞机 비행기 fēijī	
촨 船 배 chuán		쯔싱쳐 自行车 자전거 zìxíngchē	

땅란　커이

当然可以。 당연하죠.
Dāngrán kěyǐ

可以 kěyǐ 커이는 조동사로 ~할 수 있다라는 뜻의 가능의 의미 또는 ~해도 되다 라는 허락의 의미를 나타낸다.

커이　스스 마
- 可以试试吗?　　　　　　입어 봐도 되나요?
  Kěyǐ shìshi ma

쩔　커이 파이짜오 마
- 这儿可以拍照吗?　　　　여기에서 사진을 찍어도 됩니까?
  Zhèr kěyǐ pāizhào ma

▶▶ 试　shì　스　해 보다, 시도하다
▶▶ 拍照 pāizhào 파이짜오 사진 찍다

앞에서 나온 조동사와 의미가 비슷한 다른 조동사를 서로 비교해서 알아보자.

둘 다 ~하고 싶다라는 뜻으로 쓰이지만, **要 yào** 야오는 ~하려고 하다라는 뜻의 말하는 사람의 희망이나 의지를 나타내고 **想 xiǎng** 시양은 ~을 바라다라는 의미의 계획이나 바람을 나타낸다.
둘 다 ~하고 싶지 않다라는 부정의 의미를 나타낼 때는 **不想 bù xiǎng** 뿌시양이라고 한다.

워 야오 취 쭝궈
- 我**要**去中国。　　나는 중국에 가려고 합니다.
  Wǒ yào qù Zhōngguó

워 시양 칸 띠앤잉
- 我**想**看电影。　　나는 영화를 보고 싶습니다.
  Wǒ xiǎng kàn diànyǐng

둘 다 ~할 수 있다라는 뜻이지만 **能 néng** 넝은 어떤 능력을 가지고 있거나 상황의 가능성을 나타내고 **会 huì** 훼이는 ~할 줄 안다라는 의미의 학습을 통해 어떤 기능이나 능력을 습득했음을 나타낸다.
의문문 만드는 방법은 다른 문장과 동일하며 부정의 의미는 조동사 앞에 **不**를 써서 나타낸다.

넝 취 마
- 能去吗?　　갈 수 있어?

뿌 넝 취
··· 不能去。　아니, 못 가.
Néng qù ma　　　　　　　　　　　Bù néng qù

니 훼이 요우용 마
- 你**会**游泳吗? 당신은 수영할 줄 알아요?

부 훼이
··· 不会。　아니요, 못 해요.
Nǐ huì yóuyǒng ma　　　　　　　　Bú huì

연습문제

1. 빈칸에 알맞은 단어를 〈보기〉에서 골라 넣어 보세요.

 보기
想 xiǎng   能 néng   会 huì

① 那儿不 ___ 坐缆车。 
Nàr bú ( ) zuò lǎnchē

② 我 ___ 吃饺子。 
Wǒ ( ) chī jiǎozi

③ 你 ___ 游泳吗? 
Nǐ ( ) yóuyǒng ma

2. 아래 대화의 그림을 보고 빈칸에 들어갈 알맞은 문장을 고르세요.

① 当然可以。
Dāngrán kěyǐ

② 我想去颐和园。
Wǒ xiǎng qù Yíhéyuán

③ 咱们一起去吧。
Zánmen yìqǐ qù ba

3. 〈보기〉에 주어진 단어들을 잘 배열하여 문장을 완성하세요.

 보기
一起   咱们   吧   这个星期天   吃饭 。
yìqǐ   zánmen   ba   zhè ge xīngqītiān   chīfàn

→

이번 주 일요일에 우리 같이 밥 먹읍시다.

외국어출판을 선도하는 (주) 동인랑

초간단 GO!

중국어

발음 노트

초간단
중국어
발음 노트

한어병음

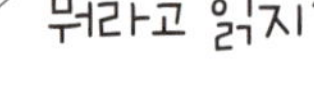

중국어는 한자로 써.
그러나 한자 자체만으로
소리를 나타낼 수 없어.
뭐라고 읽지?
人

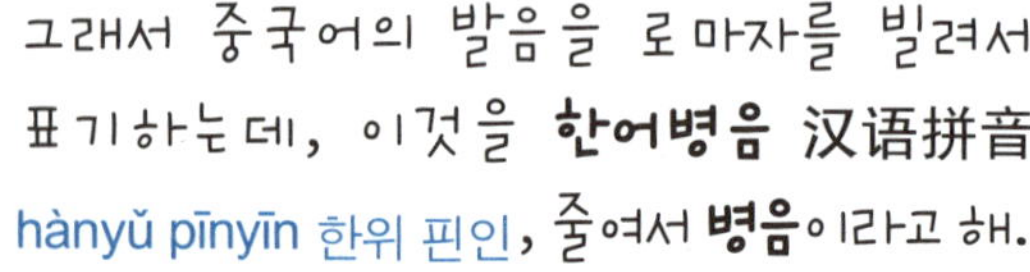

그래서 중국어의 발음을 로마자를 빌려서
표기하는데, 이것을 한어병음 汉语拼音
hànyǔ pīnyīn 한위 핀인, 줄여서 병음이라고 해.

아~ 중국어의
발음기호라고
할수 있겠네.

맞아. 영어의 알파벳처럼 생겼지만
읽는 방법은 그때 그때 달라.

한어병음은 성모 声母 shēngmǔ 성무 와 운모 韵母 yùnmǔ 윈무,
성조 声调 shēngdiào 셩띠아오 로 이루어져 있어.

한어병음
성조
ren
성모
운모
人

성모란 우리말의 자음과 같고,
운모는 모음 및 모음+받침,
성조는 소리의 음을 나타내.

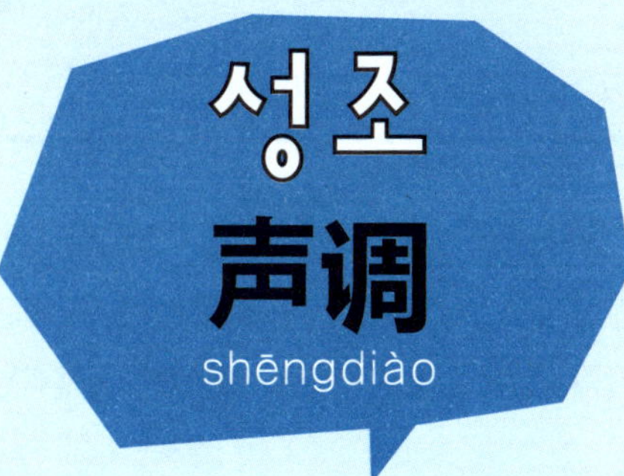

성조

声调

shēngdiào

성조란

성조는 한자 그대로 소리에 높낮이가 있다는 것이다. 기본적으로 4가지, 즉 1성, 2성, 3성, 4성으로 나누는데, 이를 4성이라고 한다. 짧고 가볍게 경성으로 발음하는 경우가 있는데, 이때 성조는 표기하지 않는다. 중국어는 같은 음절이라도 성조에 따라 다른 뜻을 나타낸다. 따라서 기본적인 의사소통을 위해서 성조는 정확히 익혀야 한다.

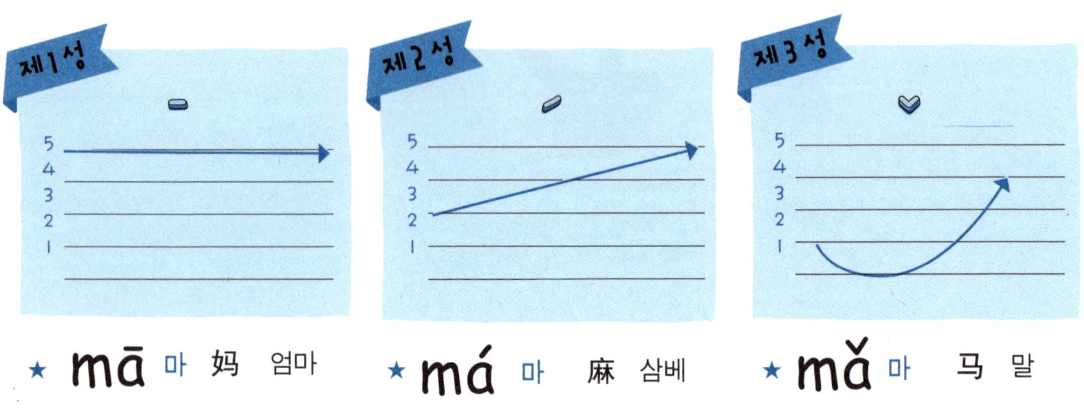

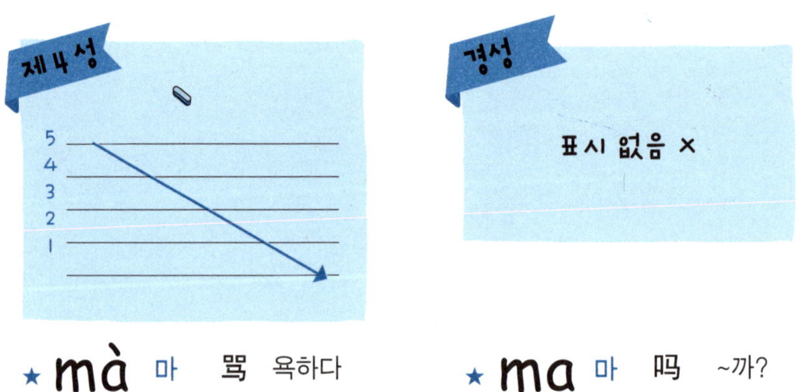

성조 표시

1 성조는 주요 운모 a, o, e, i, u, ü 위에 표기하며 i 위에 성조를 표기해야 할 경우에는
i 위의 점은 생략하고 표기한다. 다음과 같은 순서로 표기한다.

$$a > o = e > i = u = ü$$

| nǐ | 니 | 你 | 너, 당신 |
| hǎo | 하오 | 好 | 좋다 |

2 운모에 i, u, ü 가 있을 경우에는 가장 끝에 쓰인 운모 위에 성조를 표기한다.

| duì | 뛔이 | 对 | 맞다, 옳다 |
| liù | 리요우 | 六 | 6, 여섯 |

3 경성은 성조를 표기하지 않는다.

| ma | 마 | 吗 | ~까? |
| de | 더 | 的 | ~의 |

격음 부호 隔音符号

TRACK **11**

a, o, e로 시작되는 음절이 다른 음절 뒤에 올 경우에는 두 음절의 구분을 확실하게 하기 위해서
격음부호(')를 사용한다.

| Tiān'ānmén | 티앤안먼 | 天安门 | 천안문 |
| nǚ'ér | 뉘얼 | 女儿 | 딸 |

경성 轻声 qīngshēng

성조에서 기본 4성 외에 본래의 성조가 변하여 짧고 가볍게 발음해 주는 것을 경성이라고 한다. 경성은 표기를 하지 않으며 다음과 같은 경우에 경성으로 소리가 난다.

1 음이 같거나 뜻이 같은 말이 중복되어 쓰일 경우

| māma | 마마 | 妈妈 | 엄마, 어머니 |
| kànkan | 칸칸 | 看看 | 살펴보다, 해보다 |

2 뜻이 같은 글자끼리, 또는 반대인 글자끼리 쓰일 경우

| péngyou | 펑요우 | 朋友 | 친구 |
| dōngxi | 똥시 | 东西 | 물건 |

3 조사로 쓰이는 경우

| Nǐ ne | 니 너 | 你呢? | 당신은요? |
| qù le | 취 러 | 去了 | 갔다 |

4 접미사로 쓰이는 경우

| wǒmen | 워먼 | 我们 | 우리, 우리들 |
| yǐzi | 이즈 | 椅子 | 의자 |

3성의 성조변화

1 3성+3성의 경우, 발음상의 편의를 위해 앞의 3성은 2성으로 변한다. 단, 표기는 그대로 하고 발음만 변한다.

nǐ hǎo → ní hǎo 니 하오   你好! 안녕(하세요).

2 3성+1, 2, 4, 경성의 경우에는 앞의 3성 발음 부분 중 내려가는 앞부분만을 소리 내는데, 이것을 반3성이라고 한다.

lǎoshī   라오스   老师   선생님

zǎoshang   짜오샹   早上   아침

不 의 성조변화

不 bù는 원래 4성이지만 뒤에 4성이 올 경우, 2성으로 변한다.

bù shì → bú shì   부스   不是   ~가 아니다

bù yào → bú yào   부야오   不要   ~하지 마라

一의 성조변화

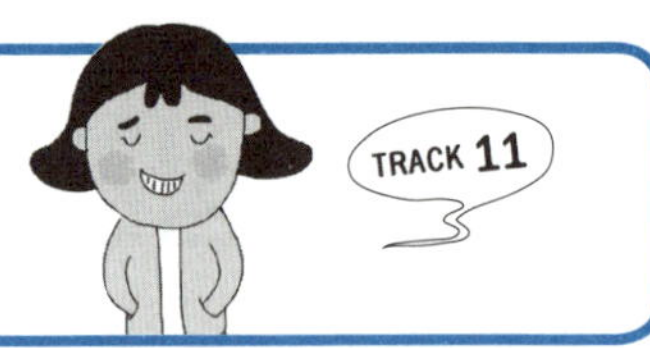

1 一 yī 는 원래 1성이지만 뒤에 4성이나 4성이 변한 경성이 올 경우, 2성으로 변한다.

yī gè → yí gè　이거　一个　한 개, 한 명
yīdìng → yídìng　이띵　一定　반드시

2 뒤에 1·2·3성이 올 경우, 4성으로 변한다.

yì tiān　이티앤　一天　하루
yìzhí　이즈　一直　계속, 곧장
yìdiǎnr　이디얼　一点儿　조금, 좀

3 서수로 쓰일 때는 그대로 1성으로 발음한다.

yīyuè　이 위에　一月　1월
dì yī kè　띠 이 커　第一课　제1과

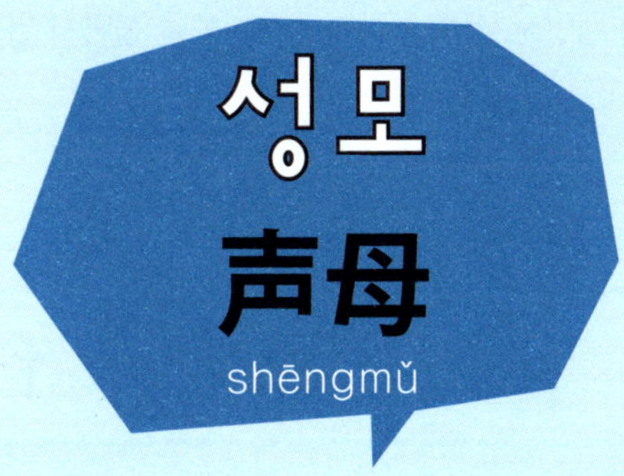

성모란 우리말의 자음과 같은 것으로 발음 부위와 방법에 따라 나눌 수 있으며 모두 21개로 이루어져 있다.

순음	b 뽀	p 포	m 모	f 포
설첨음	d 떠	t 터	n 너	l 러
설근음	g 꺼	k 커	h 허	
설면음	j 지	q 치	x 시	
권설음	zh 즈	ch 츠	sh 스	r 르
설치음	z 쯔	c 츠	s 쓰	

한글표기는 이해를 돕기 위해 원음에 가깝게 표기했을 뿐 실제음이 아니다. 원어민의 발음을 들으면서 정확히 익히도록 하자.

순음

입술을 붙였다 떼면서 내는 소리. o 오(어)음을 붙여서 읽는다.

b 뽀   p 포   m 모   f 포

---

b 뽀(어)

bā 빠  八 8 여덟

입술을 붙였다가 떼면서 뽀(어)와 같이 발음한다. 우리말의 ㅂ, ㅃ에 해당한다.

---

p 포(어)

piào 피야오 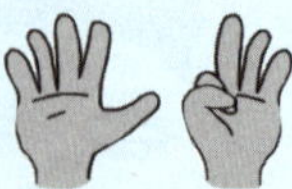 票 표

b와 발음 방법은 같지만 숨을 강하게 내보내면서 포(어)라고 발음한다. 우리말의 ㅍ에 해당한다.

---

m 모(어)

mén 먼  门 문

입술을 다물었다가 숨을 코로 내보내면서 모(어)와 같이 발음한다.
우리말의 ㅁ에 해당한다.

---

f 포(어)

fàn 판 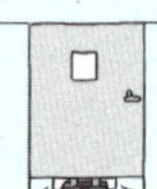 饭 밥

윗니를 아랫입술에 가볍게 물면서 포(어)라고 발음한다.
영어의 f와 같은 발음이다.

10 | 你想去哪儿? 어디에 가고 싶어요?

일단 듣기 ✔ ● ●　　체크업!! ● ● ●　　말하기 ● ● ●

니 시양 취 나알
你 想 去 哪儿?
Nǐ xiǎng qù nǎr

어디에 가고 싶어요?

워 시양 취 창청
我 想 去 长城。
Wǒ xiǎng qù Chángchéng

완리창청 만리장성 에 가고 싶습니다.

하오, 쩌거 쪼우모 잔먼 이치 취 바
好, 这个 周末 咱们 一起 去 吧。
Hǎo, zhè ge zhōumò zánmen yìqǐ qù ba

좋아요, 이번 주말에 우리 같이 갑시다.

날 넝 쮜 란쳐 마
那儿 能 坐 缆车 吗?
Nàr néng zuò lǎnchē ma

거기에서 케이블카 탈 수 있어요?

땅란 커이
当然 可以。
Dāngrán kěyǐ

물론이죠.

혀끝과 윗잇몸이 작용하여 내는 소리. e (으)어음을 붙여서 읽는다.

| d 떠 | t 터 | n 너 | l 러 |

dà 따    大   크다

혀끝을 윗잇몸에 붙였다가 떼면서 떠라고 발음한다. 우리말의 ㄷ, ㄸ 에 해당한다.

tā 타    他   그, 그 남자

d와 발음 방법은 같지만 숨을 강하게 내보내면서 터라고 발음한다. 우리말의 ㅌ 에 해당한다.

nǐ 니    你   너, 당신

혀끝을 윗잇몸에 붙였다가 숨을 코로 내보내면서 너와 같이 발음한다. 우리말의 ㄴ 에 해당한다.

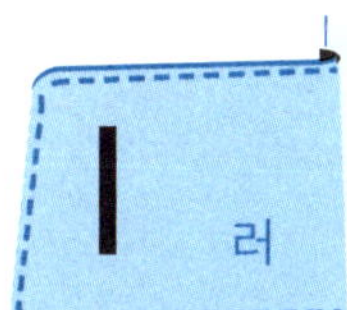

lái 라이    来   오다

혀끝을 윗잇몸에 붙였다가 숨을 혀의 양 옆으로 내보내면서 러와 같이 발음한다. 우리말의 ㄹ 에 해당한다.

설근음

혀뿌리와 여린 입천장 연구개이 작용하여 내는 소리. e (으)어음을 붙여서 읽는다.

g 꺼 **k** 커 **h** 허

g 꺼

gāo 까오  高 높다

혀뿌리를 여린 입천장 연구개 에붙였다가떼면서 꺼와같이발음한다.
우리말의 ㄱ, ㄲ에해당한다.

k 커

kǒu 코우  口 입

g와 발음 방법은 같으나 입김을 강하게 내보내면서 커와 같이 발음한다. 우리말의
ㅋ에 해당한다.

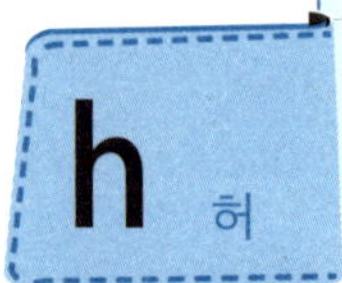

h 허

hǎi 하이  海 바다

혀뿌리를 여린 입천장에 닿을 듯 말 듯하게 한 후, 그 사이로 숨을 내보내면서 허와 같이
발음한다. 우리말의 ㅎ에 해당한다.

설면음

j 지   q 치   x 시

jiā 지아

 家 집

혓바닥을 굳은 입천장 경구개 에 가볍게 붙였다 떼며 지 와 같이 발음한다.
우리말의 ㅈ 에 해당한다.

qián 치앤

 钱 돈

j와 발음 방법은 같으나 입김을 강하게 내보내면서 치 와 같이 발음한다. 우리말의 ㅊ 에
해당한다.

xiǎo 시야오

 小 작다

혓바닥을 경구개에 가까이 대고 그 사이로 공기를 마찰시켜 시 와 같이 발음한다. 우리말의
ㅅ 에 해당한다.

권설음

혀끝을 말아서 내는 소리. 음가 없는 i 이를 붙여서 읽는다.

zh 즈   ch 츠   sh 스   r 르

zh 즈   **zhè** 쩌   这 이것

혀끝을 말아 올려 입천장 쪽으로 밀면서 즈하고 발음한다.

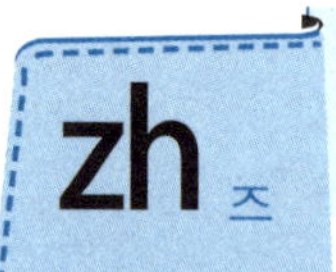

ch 츠   **chī** 츠   吃 먹다

zh와 발음 방법은 같으나 입김을 강하게 내보내면서 츠와 같이 발음한다.

sh 스   **shǒu** 쇼우   手 손

혀끝이 입천장에 닿을 듯 말 듯한 상태에서 그 사이로 공기를 마찰시켜 스와 같이 발음한다.

r 르   **rè** 러   热 덥다

sh와 발음 방법은 같으나 성대를 울리면서 르와 같이 발음한다.

혀끝과 윗니가 작용하여 내는 소리. 음가 없는 i 이를 붙여서 읽는다.

Z 쯔	C 츠	S 쓰

Z 쯔

zǎo 짜오  早 아침

혀끝을 쭉 펴고 윗니 안쪽에 붙였다가 떼면서 그 사이로 공기를 마찰시켜 쯔와 같이 발음한다. 우리말의 ㅉ에 해당한다.

C 츠

cài 차이  菜 요리

z와 발음 방법은 같으나 입김을 강하게 내보내면서 츠와 같이 발음한다. 우리말의 ㅊ에 해당한다.

S 쓰

sān 싼  三 3, 셋

혀끝이 윗니 안쪽에 닿을 듯 말 듯한 상태에서 그 사이로 공기를 마찰시켜 쓰와 같이 발음한다. 우리말의 ㅆ에 해당한다.

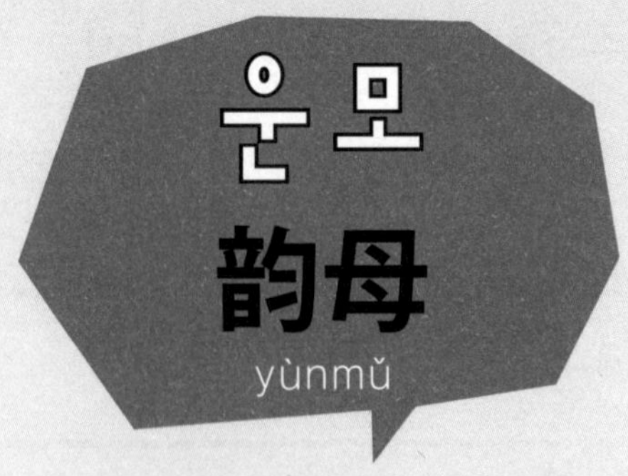

운모란 우리말의 모음 및 모음+받침과 같은 것으로 16개의 일반운모와 22개의 결합운모로 이루어져 있다.

단운모	a	아	o	오	e	어	i	이	u	우	ü	위
복운모	ai	아이	ei	에이	ao	아오	ou	오우				
비운모	an	안	en	언	ang	앙	eng	엉	ong	옹		
권설운모	er	얼										

 한글표기는 이해를 돕기 위해 원음에 가깝게 표기했을 뿐 실제음이 아니다. 원어민의 발음을 들으면서 정확히 익히도록 하자.

i와 결합운모	ia 이아[야]	ie 이에[예]	iao 이아오[야오]	iou(-iu) 이오우[요우]
	ian 이앤	in 인	iang 이앙[양]	ing 잉
	iong 이옹[용]			
u와 결합운모	ua 우아[와]	uo 우오[워]	uai 우아이[와이]	uei(-ui) 우에이[웨이]
	uan 우안[완]	uen(-un) 우언[원]	uang 우앙[왕]	ueng 우엉[웡]
ü와 결합운모	üe 위에	üan 위앤	ün 윈	

단운모

운모 중 가장 기본이 되는 발음으로 하나의 운모로 된 것을 말한다.

a 아   o 오   e 어   i 이

a 아

mā 마      妈 엄마

혀의 위치는 낮게 하고 입을 크게 벌리면서 아와 같이 발음한다.

o 오(어)

pò 포   破 깨지다

입모양을 둥글게 하여 오(어)와 같이 발음한다.

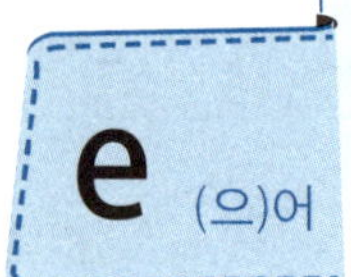

e (으)어

gē 꺼      歌 노래

입은 반쯤 벌리고 (으)어와 같이 발음한다.

i 이

qī 치      七 7, 일곱

yī 이   一 1, 하나

입을 작게 벌리고 입술은 양옆으로 벌리면서 이와 같이 발음한다. i 가 단독으로 음절을 구성할 때는 yi 라고 표기한다.

u 우 　 ü 위

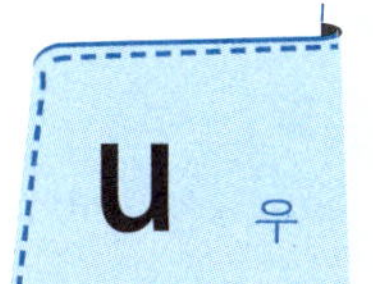

shū 슈　　书　책
wǔ 우　　五　5, 다섯

입을 작게 벌리고 입술을 둥글게 오므리면서 우와 같이 발음한다.
u 가 단독으로 음절을 구성할 때는 wu 라고 표기한다.

nǚ 뉘　　女　여자
yú 위　　鱼　물고기
qù 취　　去　가다

입술을 오므리고 앞으로 내밀면서 위와 같이 발음한다. 이때, 입술의 모양이 바뀌면 안
된다.
ü 가 단독으로 음절을 구성할 때는 yu 라고 표기하고, 앞에 성모 j, q, x 가 오면 위의 두
점은 생략해서 쓴다.

복운모

두 개의 단운모가 결합하여 이루어진 것이다.

ai 아이   ei 에이   ao 아오   ou 오우

ai 아이

ài 아이   爱 사랑하다

a 에 강세를 두고 i 는 가볍게 붙여서 아이와 같이 발음한다.

ei 에이

gěi 게이  给 주다

e 에 강세를 두고 i 는 가볍게 붙여서 에이와 같이 발음한다.
이때 e 는 어가 아니고 에로 발음된다.

ao 아오

hǎo 하오  好 좋다

a 에 강세를 두고 o 는 가볍게 붙여서 아오와 같이 발음한다.

ou 오우

zǒu 조우  走 걷다, 가다

o 에 강세를 두고 u 는 가볍게 붙여서 오우와 같이 발음한다.

단운모에 비음인 n·ng가 결합하여 이루어진 것이다. n은 ㄴ받침에 가깝게
발음하고, ng는 ㅇ받침에 가깝게 발음한다.

비운모

an 안 **en** 언 **ang** 앙 **eng** 엉 **ong** 옹

---

an 안   **kàn** 칸

 看 보다

먼저 a 를 발음하다가 콧소리인 n 을 붙여 안과 같이 발음한다.

---

en 언   **rén** 런

 人 사람

먼저 e 를 발음하다가 콧소리인 n 을 붙여 언과 같이 발음한다.

---

ang 앙   **shàng** 샹

 上 위

먼저 a 를 발음하다가 콧소리인 ng 을 붙여 앙과 같이 발음한다.

---

eng 엉   **lěng** 렁

 冷 춥다

먼저 e 를 발음하다가 콧소리인 ng 을 붙여 엉과 같이 발음한다.

---

ong 옹   **dōng** 똥

 东 동쪽

먼저 o 를 발음하다가 콧소리인 ng 을 붙여 옹과 같이 발음한다.

권설운모

성모와 결합하지 않고 항상 단독으로 쓰이며 때로는 단어의 끝에 붙어서 발음 변화를 일으킬 때가 있는데, 이러한 현상을 얼화라고 한다.

er 얼

er 얼

| èr 얼 | 二 2,둘 |
| nǎr 날 | 哪儿 어디 |

먼저 e 를 발음하다가 혀끝을 말아 올리면서 얼과 같이 발음한다. 단독으로 음절을 이루거나 다른 운모 뒤에서 얼화운모가 된다.

얼화 읽는 방법

〈얼화〉
베이징 지방 일대에 나타나는 특징으로 명사 뒤에 儿 ér을 붙여 발음이 변화하는 것을 말한다. 한어병음 표기는 마지막 음절 뒤에 −r만 써주면 된다.

단, 쓸 때는 r만 붙여주면 되지만 읽을 때는 경우에 따라 차이가 있다. 또한 儿 ér의 성조는 사라지고 앞명사의 성조만 있다.

① 마지막 운모가 -a, -o, -e, -u 로 끝날 때는 -r −ㄹ 음만 첨가된다.

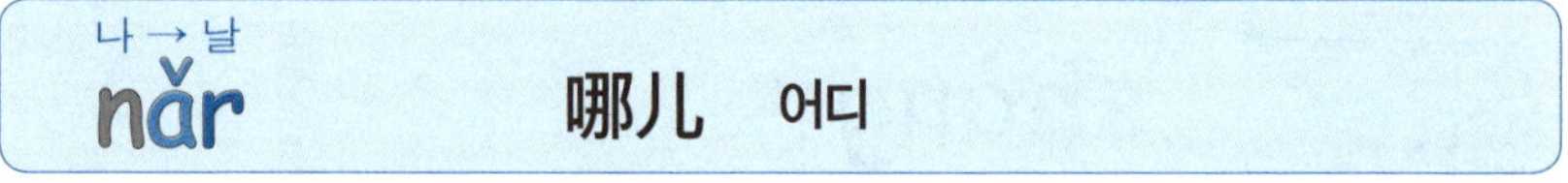

② 마지막 운모가 나, 마지막 운모가 -ai, -er, -n, -ng 로 끝날 때는 -i 나 -n, -ng 음이 탈락되면서 -r −ㄹ 음만 첨가된다.

③ 마지막 운모가 -i 나 -ü 로 끝날 때는 -er −얼 음이 첨가된다. 또한 -in, -ing로 끝날 때는 -n, -ng음이 탈락되면서 -er −얼음이 첨가된다.

i 와 단운모가 결합하여 이루어진 것이다. 앞에 성모가 오지 않고 i 로 음절이
시작될 경우, i 를 y 로 바꾸어 표기한다.

TRACK 11

ia	이아[야]	ie	이에[예]	iao	이아오[야오]
iou	이오우[요우]	ian	이앤	in	인
iang	이앙[양]	ing	잉	iong	이옹[용]

ia 이아[야]

xià   시아   下   아래
yá   야  牙   이, 이빨

a 에 강세를 두고 이아[야]와 같이 발음한다.

ie 이에[예]

xiè   시에 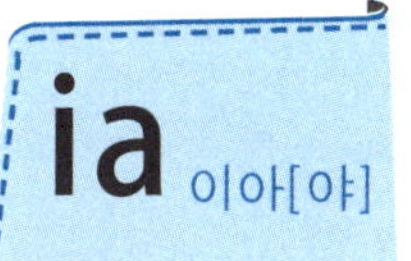 谢   감사하다
yè   예   夜   밤

e 에 강세를 두고 이에[예]와 같이 발음한다. 이때 e 는 어가 아니고 에로 발음된다.

이아오[야오] iao

qiáo   치야오   桥   다리
yào   야오  药   약

a 에 강세를 두고 이아오[야오]와 같이 발음한다.

이오우[요우] iou

jiǔ   지요우  九   9, 아홉
yǒu   요우   有   ~이 있다

o 에 강세를 두고 이오우[요우]와 같이 발음한다. 앞에 성모가 오면 가운데 o 가
없어지고 –iu 로 표기한다.

tiān	티앤		天	하늘
yán	이앤		言	말, 언어

a 에 강세를 두고 이안 이라고 발음하지 않고 이앤 과 같이 발음한다.

jīn	진		金	금
yín	인		银	은

먼저 i 를 발음하다가 n 을 붙여 인 과 같이 발음한다.

liǎng	량		两	둘
yáng	양		羊	양

a 에 강세를 두고 이앙[양]과 같이 발음한다.

píng	핑		瓶	병
yìng	잉		硬	단단하다

먼저 i 를 발음하다가 ng 을 붙여 잉과 같이 발음한다.

xiōng	숑		兄	형
yòng	용		用	쓰다, 사용하다

먼저 i 를 발음하다가 ong 을 붙여 용과 융의 중간음을 낸다.

u 와 결합운모

u와 단운모가 결합하여 이루어진 것이다. 앞에 성모가 오지 않고 u로 음절이 시작될 경우, u를 w로 바꾸어 표기한다.

ua 우아[와]	uo 우오[워]	uai 우아이[와이]	uei 우에이[웨이]
uan 우안[완]	uen 우언[원]	uang 우앙[왕]	ueng 우엉[윙]

우아[와] ua

huā	화		花	꽃
wà	와		袜	양말

a 에 강세를 두고 우아[와] 와 같이 발음한다.

우오[워] uo

guó	궈		国	나라
wǒ	워		我	나

o 에 강세를 두고 우오[워]와 같이 발음한다.

우아이[와이] uai

kuài	콰이		快	빠르다
wài	와이		外	밖, 바깥

a 에 강세를 두고 우아이[와이]와 같이 발음한다.

우에이[웨이] uei

shuǐ	쉐이		水	물
wèi	웨이		喂	야, 여보세요.

e 에 강세를 두고 우에이[웨이]와 같이 발음한다. 앞에 성모가 오면 가운데 e 가 없어지고 –ui 로 표기한다. 단, 발음은 변하지 않는다.

uan 우안[완]

chuán 촨   船 배
wǎn 완   晚 저녁

a 에 강세를 두고 우안[완]과 같이 발음한다.

uen 우언[원]

chūn 춘   春 봄
wèn 원   问 묻다

e 에 강세를 두고 우언[원]와 같이 발음한다. 앞에 성모가 오면 가운데 e 가 없어지고 –un 으로 표기하고 발음 또한 운이라고 해도 된다.

uang 우앙[왕]

huáng 황   黄 노랗다
wáng 왕   王 왕

a 에 강세를 두고 우앙[왕]과 같이 발음한다.

ueng 우엉[웡]

wēng 웡   翁 노인, 영감

e 에 강세를 두고 우엉[웡]와 같이 발음한다.

ü와 단운모가 결합하여 이루어진 것이다. 앞에 성모가 오지 않고 ü로 음절이 시작될 경우, ü를 yu로 바꾸어 표기하고, 앞에 성모 j, q, x가 오면 ü위의 두 점은 생략해서 쓴다.

üe 위에	üan 위앤	ün 윈

üe 위에

| xuě | 쉬에 | 雪 | 눈 |
| yuè | 위에 | 月 | 월, 달 |

ü 에 강세를 두고 위에 와 같이 발음한다.

üan 위앤

| quán | 취앤 | 拳 | 주먹 |  |
| yuán | 위앤 | 元 | 위안 화폐단위 |

위안이라고 발음하지 않고 위앤과 같이 발음한다.

ün 윈

| jūn | 쥔 | 军 | 군사 |
| yún | 윈 | 云 | 구름 |  |

먼저 ü 를 발음하다가 n 을 붙여 윈과 같이 발음한다.

운모 성모	a	o	e	i	u	ü	er
b	ba	bo		bi	bu		
p	pa	po		pi	pu		
m	ma	mo	me	mi	mu		
f	fa	fo			fu		
d	da		de	di	du		
t	ta		te	ti	tu		
n	na		ne	ni	nu	nü	
l	la		le	li	lu	lü	
g	ga		ge		gu		
k	ka		ke		ku		
h	ha		he		hu		
j				ji		ju	
q				qi		qu	
x				xi		xu	
zh	zha		zhe		zhu		
ch	cha		che		chu		
sh	sha		she		shu		
r			re		ru		
z	za		ze		zu		
c	ca		ce		cu		
s	sa		se		su		
				yi	wu		

운모 성모	ai	ei	ao	ou	an	en	ang	eng	ong
b	bai	bei	bao		ban	ben	bang	beng	
p	pai	pei	pao	pou	pan	pen	pang	peng	
m	mai	mei	mao	mou	man	men	mang	meng	
f		fei		fou	fan	fen	fang	feng	
d	dai	dei	dao	dou	dan		dang	deng	dong
t	tai	tei	tao	tou	tan		tang	teng	tong
n	nai	nei	nao	nou	nan	nen	nang	neng	nong
l	lai	lei	lao	lou	lan		lang	leng	long
g	gai	gei	gao	gou	gan	gen	gang	geng	gong
k	kai	kei	kao	kou	kan	ken	kang	keng	kong
h	hai	hei	hao	hou	han	hen	hang	heng	hong
j									
q									
x									
zh	zhai	zhei	zhao	zhou	zhan	zhen	zhang	zheng	zhong
ch	chai		chao	chou	chan	chen	chang	cheng	chong
sh	shai	shei	shao	shou	shan	shen	shang	sheng	
r			rao	rou	ran	ren	rang	reng	rong
z	zai	zei	zao	zou	zan	zen	zang	zeng	zong
c	cai		cao	cou	can	cen	cang	ceng	cong
s	sai		sao	sou	san	sen	sang	seng	song

성모 \ 운모	ia	ie	iao	iou	ian	in	iang	ing	iong
b		bie	biao		bian	bin		bing	
p		pie	piao		pian	pin		ping	
m		mie	miao	miu	mian	min		ming	
f									
d		die	diao	diu	dian			ding	
t		tie	tiao		tian			ting	
n		nie	niao	niu	nian	nin	niang	ning	
l	lia	lie	liao	liu	lian	lin	liang	ling	
g									
k									
h									
j	jia	jie	jiao	jiu	jian	jin	jiang	jing	jiong
q	qia	qie	qiao	qiu	qian	qin	qiang	qing	qion
x	xia	xie	xiao	xiu	xian	xin	xiang	xing	xiong
zh									
ch									
sh									
r									
z									
c									
s									
	ya	ye	yao	you	yan	yin	yang	ying	yong

운모 성모	ua	uo	uai	uei	uan	uen	uang	ueng	üe	üan	ün
b											
p											
m											
f											
d		duo		dui	duan	dun					
t		tuo		tui	tuan	tun					
n		nuo			nuan				nüe		
l		luo			luan	lun			lüe		
g	gua	guo	guai	gui	guan	gun	guang				
k	kua	kuo	kuia	kui	kuan	kun	kuang				
h	hua	huo	huai	hui	huan	hun	huang				
j									jue	juan	jun
q									que	quan	qun
x									xue	xuan	xun
zh	zhua	zhuo	zhuai	zhui	zhuan	zhun	zhuang				
ch	chua	chuo	chuai	chui	chuan	chun	chuang				
sh	shua	shuo	shuai	shui	shuan	shun	shuang				
r	rua	ruo		rui	ruan	run					
z		zuo		zui	zuan	zun					
c		cuo		cui	cuan	cun					
s		suo		sui	suan	sun					
	wa	wo	wai	wei	wan	wen	wang	weng	yue	yuan	yun

동인랑 중국어

카카오플러스에서 1:1 상담으로
함께 공부하세요!

30일만에 끝나는 대화식 강의

중국어
첫걸음
GO!

30일 완성
KakaoTalk
-P 플러스친구
1:1상담

저자 김혜경
2판 1쇄 2018년 7월 10일
Editorial Director 김인숙
Printing 삼덕정판사

강의 녹음 조홍매, 김혜경
발행인 김인숙
표지 디자인 김미선

발행처 (주)동인랑
내지 디자인 김소아

139-240
서울시 노원구 공릉동 653-5

대표전화 02-967-0700
팩시밀리 02-967-1555
출판등록 제 6-0406호
ISBN 978-89-91064-79-9

Digis에서는 참신한 외국어 원고를 모집합니다. **e-mail : webmaster@donginrang.co.kr**